出名主持人和好主持人之间

我选择后者

田歌

我国著名影视明星吴秀波与主持人田歌合影

我国著名影视明星孙俪与主持人田歌合影

我国著名影视明星黄海波与主持人田歌合影

田歌访谈之荣

一觉醒来的幸福

田歌

主编

时代出版
时代出版传媒股份有限公司
北京时代华文书局

图书在版编目（CIP）数据

田歌访谈之荣 / 田歌主编. -- 北京：北京时代华文书局，2014.1
（田歌访谈之光荣绽放系列）
ISBN 978-7-80769-239-3

Ⅰ. ①田… Ⅱ. ①田… Ⅲ. ①艺术家－访问记－中国－现代 Ⅳ. ①K825.7

中国版本图书馆 CIP 数据核字（2013）第 304494 号

田歌访谈之荣

田歌 / 主编

出 版 人 田海明　周殿富

选题策划　曾　丽　　责任编辑　张国平　石乃月
责任校对　石乃月　　装帧设计　新艺书文化　王艾迪

出　　版　时代出版传媒股份有限公司　http://www.press-mart.com
　　　　　北 京 时 代 华 文 书 局　http://www.bjsdsj.com.cn
　　　　　北京市东城区安定门外大街 136 号皇城国际大厦 A 座 8 楼　邮编：100011

发　　行　北京时代华文书局图书发行部　（010）64267120　64267397
印　　制　北京顺诚彩色印刷有限公司　（010）69499689

规　　格　787mm×1092mm　1/16
印　　张　17
字　　数　219 千字
版　　次　2014 年 3 月第 1 版　2014 年 3 月第 1 次印刷
书　　号　ISBN 978-7-80769-239-3
定　　价　34.80 元

出版前言

适逢北京电视台《光荣绽放》栏目正式开播五周年，为了一种纪念，也为了与广大影迷、歌迷、戏迷，广大艺术爱好者，广大读者受众分享，我们编辑出版了这套丛书。

五年来，该栏目在我国著名导演、制片人、主持人田歌的主持下，先后访谈了我国大陆、香港、台湾三地200多位艺术创作者。他们中有影视明星，也有著名导演；有戏剧名角，也有当红歌手。从50后的老一代明星，一直到60后、70后的中流砥柱，直到80后、90后的演艺新秀，可谓是高朋满座，明星如云，五代艺术创作者荟萃一台，洋洋大观。

他们共述新中国演艺事业的蓬勃发展，回首各自的成长道路，畅谈他们的职业理想，各抒自己的人生价值理念，探讨种种演艺思想。不但用理性与激情描述了一个艺术创作者应该走怎样的成长道路，而且人人都直抒胸臆，毫无讳言地讲述了他们自己是怎样践履了这些思想理念的。让我们看到了这五代艺术创作者辉煌绽放的背后，流过了多少汗水、泪水，经历了多少艰难困苦的磨砺，为我们展示了一个色彩斑斓夸父逐日式演艺生涯的全景画图，而让我们不能不对这些艺术创作者们刮目相看。所以我们从其中精心遴选了60余位明星人物，集结出版，以飨广大读者。

本书的正文是在《光荣绽放》栏目组提供的现场实录基础上加工整理的。考虑到篇幅、结构，我们对各位传主访谈的实录全文进行了适当删减，但每句话都是忠实于场记实录，只是对一些口语化的句式略为梳理。为了读者的阅读方便，我们还对每位传主的访谈录冠加了二级标题。整理中有何舛误处，文责由书局自负。

田歌老师在百忙中，还结合自己十余年主持人的切身体悟，为每一篇访谈录撰写了精致的画外音评点——侧批式的“谈艺录”，其中既有传播美学、艺术哲思，也有人生哲学的意蕴，既体现了她对自己作品的钟爱，也说明了她对读者的负责和期待。在这里谨向田歌老师与各位访谈嘉宾表示深深的敬意与感谢。

相信本书的出版一定会受到广大读者的欢迎。书中若有不确之处，欢迎读者、影迷、嘉宾们及时告知我们，以便我们在重版时订正。

编辑部

2014年1月

荐书台

致传媒艺术院系的学子们

中国传媒演艺界未来三十年的希望之花们：

拿在你手中的这本书，不敢称是天底下最好的书，却是最适合你的书。因为没有哪本书会像本书这样贴近你们所学的专业、即将从事的职业、未来的人生旅途。虽然你们未必人人都想去追慕伟大，但却相信你们没有人会甘愿贫穷平庸地度过自己的一生；也相信你们每个人早都有了各自的人生目标与梦想追求，但它们的实现需要一条通道，相信你们每一个人都在天天寻找。

美国伟大的心理学家马斯洛曾对那些“追求着的青年人”讲过这样的一段话：“我想告诉他们的是：天呐，这些都已经存在着了，你们正在寻找的未来就在这里。你们应该做的只是向它走去。”而摆在你们面前的这本书，就向你们昭示了值得“向它走去”的正在寻找着的，但“已经存在”于你们身边的未来。

你想了解那些明星人物是怎样完成了自己人生的凤凰涅槃吗？你想做一名大导演吗？你想做一名当红歌手吗？你想成为一名戏剧、影视明星演员吗？你想成为一名电视节目的明星主持人吗？我国著名的资深全能型电视人、中国谈话节目创始人、国家一级导演、全国十佳制片人、全国百佳文艺家田歌老师对大陆、港、台三地五代的明星级导演、著名演员、当红歌手的精彩访谈自白与专为此书出版撰写的“谈艺录”，将会用他们自身的经历告诉你们怎样去实现自己的梦想，怎样去面对你们将会必然遭际的种种难题与困惑。

他们所讲述的不只是“应该怎样”，还有他们自己怎样走过的从艺之路；他们不只讲述怎样作艺，也讲述了怎样做人做事的大道至理。不管你们现在所学的是什么，你们将来所做的是什么，他们都将会陪伴着你走过一生、享用一生而取之不尽。因为这里所记录的没有任何说教，都是他们所亲力亲为的感悟，讲的都是真话、实话，实务、实际。希望本书能成为你们一生的良师益友。我们相信，本书的真正价值，绝不亚于你们手中的任何一种教科书。

编辑部

2014年1月于北京

序：栏目与我

很喜欢这样的态度：每一朵花都是一个世界，每一个人都是一本书。我的很多成长、创意、智慧与荣誉，都是在与嘉宾的谈话中收获的。我并不认为谈话是一种古老的1+1=2的简单算式，我觉得一个优秀的主持人，一个具有强烈敬业精神和创新意识的媒体从业人员，在与嘉宾对话时思想碰撞所产生的火花，应是一种1+1＞2的艺术效果。所以，我的这篇序也是从对话开始的——

“绽放”初创

小编：您是《光荣绽放》栏目的制片人、导演、主持人，最开始是怎么想到要做这样一档栏目的？

田歌：2007年中国电视创作遭遇了“泛娱乐化”最严重的伤害。当时，北京电视台来了两位新领导，誓言要将北京电视台打造成全国第三娱乐大台，于是大刀阔斧地灭掉了许多不能代表两位领导业绩的品牌栏目，尽管我所制作的《荧屏连着我和你》再次获得了当年广电总局授予的“全国优秀电视艺术栏目”奖，但我也未能幸免。那时，我所制作的《荧屏连着我和你》已经拥有了十六年的生命力和不断扩展的观众群，是一档非常成熟、深植观众内心、极具口碑且屡获殊荣的电视品牌栏目。至今在大马路上遇到熟悉我的观众，他们还会向我倾诉，因为看了我的某期节目而改变了他的人生选择，并情不自禁地复述节目中的精彩对话。我想这就应该是一个优秀电视栏目的影响力，也更是一个电视人的骄傲和欣慰所在吧。对我来说，《荧屏连着我和你》是一所大学，它不断地补充了我对知识的渴求，更丰富了我对生活的理解，它在我生命灰暗时，还一次又一次地点燃了我对生命的热情。突然间让我放弃这个节目去做一个娱乐节目，最初我是很不情愿的。但为了不中断创作生命，也为了一个证明——当时有人认为我做不了名人访谈，在这样的质疑下，我想做出一档专业的名人访谈节目，而且一定让它成为一个品牌，《光荣绽放》就在这样的情况下诞生了。

小编："绽放"这个词是您第一次用在电视栏目上，后来得到很快地传播，其他栏目，甚至图书的名字以及各类社会活动都开始"绽放"，当时您是怎么想到这个词的？

田歌：这个名字是我和闺密在咖啡馆里定夺的，我们发誓要让"绽放"一词成为流行语，显然，我们成功了！我一直觉得一个栏目的名称有两个作用：一、显现了一个栏目创作者的创作价值观。二、决定了一个栏目的可持续发展空间。在我们筹划制作《光荣绽放》的时候，这一类节目的名称大多是红人馆、名人访谈……我不喜欢把节目标榜成这样。我希望节目的名称很大气，能够很快被老百姓接受，也想把题材引向更宽的范围中去。我当时想邀请各行各业的人来访谈，来这里绽放自己的光荣，只不过节目创制初期为了满足电视创作泛娱乐化的需求，从演艺名人进入而已，以后再慢慢扩展。但节目一开始定位就很明确，宣传语是"让八卦灰飞烟灭"！这个定位一直坚持到今天。

小编：与名人谈话和与老百姓谈话，您有什么不同的感受？

田歌：这两类谈话对象对我来说都有压力。做老百姓的节目好就好在我有一种激情，他们的生活对我来说很新鲜，总让我感动；做名人的节目好在我了解他们的所思所想所痛，我更知道如何提问，更清楚他们想要表达的是什么。怎么做得既让自己满意，又能满足观众的需求，还能赢得同行的称赞，这些我都要考虑。我做节目不是只给一类人看，我希望我的节目在观众和业内人士中都能赢得口碑。

小编：您离开了之前那么心爱的节目《荧屏连着我和你》，制作了《光荣绽放》，等于是一切重新开始，不管起初是不情愿还是较劲，这个节目开播已经有五周年了，而且在观众和业内都取得了极高的口碑和赞誉，您现在对这个节目是什么样的感情？

田歌：生命的代价。

"光荣"印象

小编：说到访谈，您的提问很有个人特色。

田歌：一个好的主持人，要有能力让自己的提问落地开花。不要让自己的提问成为不知去向的空中飘浮物，或者仅仅等待嘉宾解释。

小编：有的时候，您会对不同嘉宾问相同的问题，可以理解这是节目的主线吗？

田歌：一个人的世界观、生活背景确实会对他的事业有影响，所以我经常会问嘉宾生活在一个什么样的环境，问他们的梦想是什么。我觉得那些问题都是比较重要的，对他们来说是个共性的问题。我想集结出同样的问题，收获嘉宾不同的感受。我更倾向通过谈话展现每个嘉宾的性格和他的命运以及职业道路的关系。

小编：您怎样形容这档节目？

田歌：用一句话就是"绝对品质，绝对田歌"。"主持人"这三个字中有了"人"字，就赋予这个职业更浓郁的人性色彩，因此这个职业的从业人员越有人性魅力就越成功。我希望并努力让这个节目有田歌本人浓重的烙印，有田歌特色，也就是，我不同于他人的所思所想所问。我的有些问题虽然是尖锐的，但却是温暖的、幽默的。其实我这个节目最重要的是感受嘉宾的观点，别的节目更看重讲故事，而对于我来说，听故事不是我的任务。这些嘉宾之所以成功，的确是因为他们有自己的价值观和做人作艺的态度，他们对于社会的认同、观察和思考，也有其独特的价值。

小编：也可以理解成您对自己的要求和对团队的要求越来越高？

田歌：浮躁而又急功近利的今天，加上铺天盖地的娱乐节目，多多少少在你心中撒下了些灰尘，但你要让你的心沉淀下来，就必须要求自己和团队更加职业化、专业化、简单化，只有深入浅出才会越来越从容。我在工作中追求完美，对镜头有洁癖，我不问其苦，只问其果。

小编：做这个节目之后，有没有想过要放弃？或者去制作另一档节目？

田歌：想过，我的创作能量在这个节目中并没有完全释放。但我这人就是比较专心的，喜欢一猛子扎在一件事上，这是我成败的重大原因。我是一个在创作上找不到尽头的创作者，我很享受创作中的每一个新发现和新感受。

“光荣绽放·歌”与我

小编：您一般都利用什么方式充电、学习？

田歌：我是一个不用扬鞭自奋蹄的人，学习对于我来说是一种享受，也是一种生活方式。我虽然意识较前沿，但从不敢放松学习。我很感谢北京电视台对我一如既往的信任，一直给予我在一线创作的机会。做好谈话节目必须要有时代精神，只有与时代同呼吸才能与时代共命运。那么如何才能与时代同步？我认为只有学习学习再学习，反思反思再反思。我平时也从未间断对各种艺术门类的学习，话剧、舞蹈、音乐、雕塑、绘画包括新媒体等。在这些艺术领域都有我的挚友，他们都为我汲取各门类艺术之养分提供了最大的帮助。

小编：这一次把栏目访谈以图书的形式推出来，您的初衷是什么？

田歌：节目中嘉宾的成长经历，很多是值得留下来给读者借鉴的。通过文字，读者会更沉静地走进他们的内心世界。加上我对这个栏目的品质坚持，所以栏目播出这么久我才敢于用书的形式把它呈现给大家。

小编：这也给了您更多的思考空间？

田歌：对，可以更安静地品味他们的表达。事实上，他们的很多表达在我们的节目里没有完全用上，因为我们在剪辑的时候要考虑电视节目的特征，嘉宾还有很多深邃的思考、个性言语没有播出，出书可以弥补这部分缺憾。把这部分有观点性的内容用文字保存下来，我觉得是对嘉宾最好的尊重。

小编：作为屡获殊荣的传媒人，您能与读者们分享一下您的成功理念吗？

田歌：我深信每个创作者都要走自己的创作之路。这首先需要认识自己，找到自己的优势、个性所在，这样你才能找到适合自己的创作之路。只要有了个性，你才会有生命；创作没有个性，任何创新都不存在。另外，我认为“坚持”是一种高贵的品质，在追求事业的道路上尤其难能可贵，坚持自己的道路，排除干扰。还有就是要不断地学习。这本书展现出嘉宾更深邃的一面，也能够看到作为主持人的我，对谈话节目或是艺术创作的一些思考，希望能够和大家分享，也希望得到大家的指教。

小编：很多嘉宾为本书做了推荐，您想对这些嘉宾说点什么？

田歌：我要感谢所有的嘉宾，是他们熠熠生辉的人生故事让电视艺术光荣绽放。

2013年是《光荣绽放》栏目开播五周年。一个主持人与自己的节目，有人认为犹如亲子关系，而我认为是相伴的关系，相互依存，相互成长……回首以往，有些不堪目睹，但那些往事一去不会再来，而我还有许多话要说，所以组织了这套书呈现给广大读者，羞愧胜于紧张。同时也在这里，向《光荣绽放》团队的所有成员表示深深的感谢。

2014年元旦于北京电视台

目 录

孙红雷

我希望自己能够死在舞台上

田歌印象

有的人说他是坏小子，有的人说他是师奶杀手，著名学者陈丹青说他是有点“流氓气”的演员，他有一双标志性的小眼睛，他就是孙红雷。

我非常喜欢孙红雷的表演，当被人问为什么喜欢时，我总也找不到最准确的语言来表达。但每每看他的表演，我都深深地感觉到，在他的生命中还激荡着若干生命，令我欲罢不能。

孙红雷是“野兽”，我终于找到了对他表演最准确的感受！

他的每一个动作都让很多人的表演黯然，然而在娱乐圈中，孙红雷的外形实在算不上出众，甚至有很多人觉得他有点凶，但是他却能俘虏一大批观众的心。当面对面坐在一起，才知道，原来这个“大哥”一直“图谋不轨”地想和漂亮女孩搭讪，最大的愿望是有一个乖萌的女儿；原来这个硬汉不太冷。

小眼睛有大乾坤

田　歌：今天你来我特别高兴，我以为你又会戴着一副眼镜，戴着那个粗粗的项链，结果你都没有，特让我意外。在你好多的角色和采访当中，你都爱戴一个特别粗的项链，你对那个项链有什么特殊的情结吗？

孙红雷：我喜欢银子做的东西，不知道为什么，我总觉得那里有好多内容，所以我很喜欢这种粗链子戴在脖子上，可能我希望自己能够有点野性吧，我不想循规蹈矩地生活。

【田歌谈艺录】能给别人带来快乐的人，一定会自己也很快乐。人没有必要太把自己当回事，就像孟子说的，人际之间“如见肝肺然”，别装。孙红雷的可爱，就在于他的真实，不装，他能给人带来快乐。

←

田　歌：你知道我们怎么形容你的小眼睛吗？眼睛虽然小，但是却像海洋一样的丰富。可是你平时老是戴着眼镜出镜，我觉得你对你的小眼睛还是挺耿耿于怀的。

孙红雷：没有，事实上是很多人说我要是不戴眼镜的话就会显得很凶，但是我真的不觉得，那既然有人提出来了，我还是戴一副眼镜修饰一下吧。

田　歌：还是这样好，你是不是曾经想过要开双眼皮呀？

孙红雷：对。我小的时候是我们班里著名的单眼皮，那个时候流行双眼皮大眼睛，很多人说："你这孩子要不去刺（割）一个双眼皮吧？"后来我真的多方打听，但最后由于怕疼，就没刺。

田　歌：你中戏的老师和同学都说你特别鬼，还总和另一个同学比眼睛小，好像还挺自豪似的。

孙红雷：我们班有一个长得比我还难看的男生，别人都说我们眼睛小，我就老跟他比，我觉得我一见到他就自信了，我说："你眼睛不笑的时候就不见了，我的好歹不笑的时候还能看着点。"

田　歌：据说你有勇气走进中戏，是因为觉得姜文和王志文长得也不好看。你讲姜文还行，你要讲王志文不好看，简直……我觉得王志文太好看了！

孙红雷：你觉得王志文长得好看？我觉得太惨了！

田　歌：好多女观众都喜欢王志文，就喜欢他长的那个样子。

孙红雷：事实上原来我不敢考，我认为演员就是要大眼睛、双眼皮，长得眉清目秀。后来有位老师点拨我，问我喜不喜欢姜文，我说："我特别喜欢。"他就说："那你觉得你这个长相跟姜文比起来怎么样？"我当时很认真地想了很久，我确实是觉得我比姜文长得还是好看一些的。王志文，虽然他戏演得那么好，但是我真觉得他长得太难看了。

田　歌：他在我眼里就是玉树临风，你在我眼里就是一只野兽。

孙红雷：说起野兽我想起来，我是中央戏剧学院音乐剧班毕业，有一个音乐剧叫《美女与野兽》，我要是不分到中国青艺的话，可能就去演那个野兽了。

田　歌：你有那个气质。

孙红雷：反正我今天才知道，我跟玉树临风没什么关系，挺受打击的。

田　歌：你同学还告诉我说你特别知道自己的短处在哪儿，说你在上形体课的时候，特老实，老师打你一下，你夹得特别紧。人家跳芭蕾，那脚背不都是像粽子一样才好看吗？你的脚背就像个锄头，正好反过来的。我现在一看，确实脚背条件差了点。

孙红雷：其实我在上中戏之前，街舞跳得还是挺好的。音乐剧班必须得有芭蕾功底，因为要跳爵士、踢踏舞、现代舞，甚至一些民间舞。我是以声音、形体、表演这三点见长的，所以当时我们的教务处主任计成功老师就说："红雷，你必须得把芭蕾跳好了。"他还吓唬我："孙红雷，我觉得你的软度不行，我跟你讲，还有两个月入学，入学的时候你横叉下不去，竖叉总得下去，否则我就开除你！"我就当真了，回去之后每天练竖叉，后来我的腿直接就能踢到头顶了。有一天我让爸妈在旁边压着我，试着能不能下去竖叉，结果下到一半就下不去了，如果再生硬地往下下的话，有撕裂的可能，所以我真不敢了，直到我毕业的时候，还是没下去。后来我们老师说："红雷，你哪方面都很强，声乐、台词、表演，你的形体呢，爵士舞、踢踏舞的感觉都很准确，就是芭蕾的基功太不行了。"那会儿我们分了两个班，一个芭蕾快班，一个芭蕾慢班……

田　歌：对，你是那慢班的。

孙红雷：我是慢班最后一名——不，我是倒数第二名。我们班是个女老师，也不像个女孩子样，高高的，特别挺，每天就拿个竹棍看着我，打我屁股啊，或者上来踹我一脚，经常叫我："孙红雷，出来！"我就得从好几十个同学当中出来。她说："你罚站，站一边去，今天又偷懒了！"后来我也学会了一招，因为学生比较多嘛，芭蕾有一个动作叫"巴郎赛"，前后左右跳，我转了几个平转就往门口挪动，等到老师不注意我的时候，一个"巴郎赛"一开门我就出去了。

田　歌：溜了？

孙红雷：对，差两分钟下课的时候，我“巴郎赛”又进来了。

田　歌：孙红雷一谈到学校生活，那笑容幸福极了。

孙红雷：幸福，我觉得，我这辈子有了这个学校以后，心里安定多了，自信多了，我觉得我身后有人。

田　歌：还是很重感情的，同学说你特别重感情，特别仗义。

孙红雷：中央戏剧学院表演系改变了我的一生，让我实现了自己的理想，让我知道我能够演戏，也知道了如何演戏是好的，如何生存和生活是好的。直到现在，当我心里有过不去的事，觉得乱了方寸的时候，我都会去学校坐一会儿。学校的保安跟我最熟，每次我开车过去，他都会无声地冲我笑一笑，然后把大铁门打开，那时我有一种回家的感觉，特别幸福。有什么为难的事，只要到校园里坐一会儿，也不用跟谁聊天，看看当时住过的宿舍，我跑步的操场，还有教学楼里那些表演教室，就全都解决了。

忘记了镜头，你的表演就对了

田　歌：我记得有个人问我，为什么喜欢孙红雷，我说我不知道，我老觉得他身上还有好几个生命没有出来。我觉得你像一头野兽，充满了生命力、充满了杀气、充满了气概，当然这头野兽有的时候还很真情、很温情。这是你角色带给我的感受，当然我并不知道生活中你是不是这样的。

孙红雷：在演戏的时候，我不希望自己中规中矩的，我希望我在创作的时候能像一头野兽，甚至像一个流氓，事实上我是想颠覆一些东西，我不希望我接到一个角色，然后给大家一种似曾相识的感觉，觉得孙红雷演的这个角色一点意思都没有。可是在生活当中，我希望我做一个脚踏实地的人，我特别想成为一个像我爸爸那样的人，温文尔雅，但是因为已经有了自己的文化底蕴和对社会的认识，所以也是特立独行的。

田　歌：你知道我最爱看你什么表演吗？

孙红雷：不知道。

田　歌：你所有的背影。

孙红雷：意思是我的脸让你觉得惨不忍睹，是吗？

←

田　歌：不是，所有的演员在面对镜头的时候，都会很充分地调动自己的面部进行表演，孙红雷也不例外，而且你的眼睛已经运用得非常好了，但是我更在意的是你背影的表演，我觉得你从来没有浪费过一个背影。

孙红雷：关于背影的表演，里边是有技巧的。我不喜欢有镜头，我不喜欢我自己知道哪儿有镜头，我觉得一个演员，如果忘记

【田歌谈艺录】有人说幽默是一种智力有余的表现，太对了！那种连一句话怎么讲都想不明白的人，哪有余力去想幽默啊？林肯那么大的政治家都那么懂幽默，我们为什么非得一板一眼呢？当然，事事都有一个尺度，会幽默也是一种艺术。

了镜头，你的表演就对了。有的时候导演说：“红雷，你面对镜头吧！”我说：“我希望我还是侧对，或者背对。”我觉得那样可能内容更丰富一些，让观众感受到的不会那么具体，那么表演的模糊性就出来了。

田　歌：真的，我很少看到一个演员能够在镜头上把自己的躯体调动得如此自如和丰富。比如你对脖子的运用，你很多角色脖子上都有戏，你是颈椎不好才那样，还是真是设计的？

孙红雷：我颈椎挺好的。刘华强是我第一个用脖子的角色。我从小就见到了很多这种所谓的“大哥”，我真的觉得很多人都有这毛病，后来我跟医生探讨了一下，为什么这些跟黑道挂点钩的人，好像都会没什么事就这样抻脖子、抻腰的？他们告诉我，人如果过度紧张，颈椎就会出大问题。后来我验证了一下自己，好比我去一个场合，我一直不能动，得在那儿装大尾巴狼，我发现结束以后，我一动，脖子准会响。所以我在几个人物当中，都不同地用了这个问题，因为我知道这些人很紧张。

田　歌：你还特别爱用头。

孙红雷：对，这都是我在生活当中见着的，用脑袋撞墙或者怎样来表达自己的情感。反正我就觉得塑造一个人物，不光是你的表情，可能哪儿都能用上。所以一个演员，把身上所有能够调动的、所有主观能动性都调动起来，可能对于角色会有不同的解释吧。

田　歌：讲得很简单，但是实际上每个演员要真的用上，实在是太费心机了。我真的佩服你！

孙红雷：没有，其实我是一个在表演当中把表演当成生活的人，我希望我在镜头当中的每一个瞬间，都是能够让我自己相信的，这样观众看了才会相信是真的，那么我必须调动每一根神经。所以很多观众、很多专家喜欢我

【田歌谈艺录】“把表演当成生活”，太经典了。受众一看出你是在演戏那就完了，这不是表演风格问题，而是一种从艺的态度与能力的问题，是表演水平问题。受众要看的是你演出他们生活的真实感，要看到一个“真”字，他们就会喜欢上你。而且也只有生活，才是艺术的真正土壤，没有生活做底蕴，你就演不到位，“戏”不只是“演”出来的。

的表演风格，可能就是因为孙红雷演的角色比较真。

←

田　歌：我觉得你是一个特别用心、特别投入的演员，在《征服》里面，你演的角色毒瘾上来嘛，你就甩啊甩的，鼻涕口水都甩出来了，我相信那不是化妆师弄的。这得酝酿多长时间才能到这种状态啊？

孙红雷：事实上我吸毒的那几场戏，很多人问过我，包括公安局的朋友，特别是干刑警的，他们对吸毒者是特别熟悉的，都说：“孙红雷，我看了你的《征服》，总觉得你吸过毒。”他们忘了我的职业是演员，我曾经拍过一部戏叫《为了这一片净土》，演了一个缉毒大队的大队长，我就到云南边境一个很简陋的戒毒所去体验生活，跟他们在一起待了三天，我太知道吸毒者是什么样子了。一个演员的模仿能力可能是没有搞过表演的人想不到的，因为那些东西我都见过，所以表演出来是极其投入的。

孙红雷在谈话节目现场

镜头前的天才，镜头后的“神经病”

田　歌：大家都说：“孙红雷什么都演了，但是我们怀疑他演不了喜剧。”

孙红雷：其实我在中央戏剧学院的时候，我的强项就是喜剧。

田　歌：我问你的老师：“孙红雷能演喜剧吗？”他说：“他的喜剧演得漂亮极了！”我真理解“漂亮”这两个字，可不是一般的表扬。

孙红雷：当年我在学校也没给他们丢脸，因为我是最努力的演员之一。现在老师见到我，就会说：“《周瑜的火车》我看了，《七剑》我也看了，还有那些电视剧我都看了，不错，好好演戏，把人做好了，别耍大牌。”我就觉得心就化了，感觉很幸福。

田　歌：我特别想知道，为什么这么多好角色都到了你的手里？有没有这样的情况，你特别想演一个角色，人家就是看不上你？

孙红雷：有，像胡玫导演，是我特别喜欢的导演，她导的《汉武大帝》，让我演男二号，我看了剧本以后，觉得写得特别好，我从来没接过古装戏，但这个戏我可以接，但是我特喜欢男一号，我想演汉武大帝。然后人家回了话，已经定了陈宝国老师了。那没办法了。还有赵宝刚的《像雾像雨又像风》，其实我一直想演陈坤那个角色。

田　歌：你演陈坤那个角色？

孙红雷：对，钟表店那个坏小子。后来宝刚说：“对不起红雷，你长得不好看。阿莱是我们给你量身定做的，你为什么要演陈子坤去呀？”我说：“我觉得我演那个坏小子可能会和别人不一样。”他说：“对不起，你长得不好看，至少你没有陈坤长得好看。”这是我特别拧巴的一次。后来我回去照了照镜子，确实不好看。

田　歌：也就是说，并不是自己想演什么角色都能演到的？

孙红雷：是，不可能的。

田　歌：你现在最想演什么呢？

孙红雷：最想演的就是好的电影、好的电视剧，我觉得有水准的、有素质的。

田　歌：但是最近你的作品好像一下子很多很多，你觉得这样对你好吗？

孙红雷：我必须得辟谣，在中国的演员中，我的生产量算是最低的了。有一个业内的评论家说："红雷，大家觉得你演了太多的戏，可能是因为你演的戏在每一个台都会重复地播放，这样每一个角色的成功率可能稍高一些，老百姓都记住了，可能就觉得你的量很大。"其实我演的戏很少。

田　歌：你会因为这个角色的酬劳而接这个戏吗？

孙红雷：会的，我觉得钱对我很重要。

田　歌：可是如果这个角色和之前演过的角色很接近呢？

孙红雷：那我不可能接的，我不会重复自己。我也不会因为钱接一个不好的剧本，我刚出道的时候都不可能，现在就更不可能了，因为我现在不缺钱。

田　歌：好像孙红雷给人的感觉是演什么就是什么，《大工匠》里，我印象特别深的一段表演，你到一个领导面前忽悠、吹大牛，结果把自己的命运给断送了。

孙红雷：对，演那场戏的时候，我自己都忍不住喷了，因为我见过这样的人。

田　歌：生活中你忽悠吗？

孙红雷：生活中很多次忽悠，因为你是在一个群体社会当中，这个环境如果没有缺点的话，就不是这个社会了。所以我一定是说过假话的，说一些自己不爱说的假话，有时候我觉得在生活当中说的一些假话会起一些很犀利的讽刺作用。

田　歌：有的人说演员演戏的时候是天才，演完戏之后他就是个神经病，我觉得表达得特准确。

孙红雷：我承认我就是神经病。可能我这一生当中，除了演戏，其他都不行。我不会理财，不会做饭——不过我会打扫房间。

田　歌：真的？

孙红雷：我打扫得特别好，我也知道那些家具怎么摆会好看，其他的就不行了。我觉得一演戏，我就变成一个大能人了，什么都懂了，可是一到生活当中，我就觉得我什么都不懂了，人家跟我说“红雷，你是不是得理理财啊？”什么的，我完全听不懂。所以我真的挺笨的。

喜欢漂亮姑娘，也喜欢“萌”女娃

田　歌：你觉得你长得凶吗？

孙红雷：好多影迷见到我的时候，远远的不敢过来，我在工作不知道，我的助手就会过来跟我说：“有几个影迷在旁边等了你好几个小时。”每当这个时候，我心里就有一份愧疚，我就会把他们叫过来，跟他们聊，说：“你刚才怎么不喊我？不就是签个名照个相嘛，我现在有时间，没关系。”他说：“第一怕打扰您工作，第二我们都挺怕你的，觉得你特别凶。”可能我塑造的一些角色给大家这种感觉，其实我生活中真的不是这样的，我喜欢孩子，喜欢家庭，喜欢世界上所有最美好的事情，其实我是一个挺浪漫的人。

田　歌：你喜欢漂亮姑娘？

孙红雷：对，我喜欢特别美丽的女孩，有时候在大街上碰到，我真想看一眼，但我确实不敢看。我说句实话，我真的喜欢看漂亮女孩，我特别想在大街上，就直接把她挡住了，说："我觉得你气质挺好的，特别想认识认识你，我叫孙红雷，我的电话是多少号，有机会的话咱们能见一面吗？"然后没准就谈恋爱了。我特别想干这事。

田　歌：我听说你在学校特别会追女孩。

孙红雷：我还没考上中戏的时候就看上了一个女孩，我那会儿特别含蓄，也没说什么，找各种理由去她宿舍，跟别的女生聊天，其实脑子都在她那儿呢。她们宿舍女生也都知道我怎么回事，人家都假装不知道，陪我聊天。

田　歌：人家早就看破你了。

孙红雷：我一直在找突破点，想我给人买点什么礼物呢？都觉得俗。后来我发现她拿牛奶洗脸，终于找着话题了，心怦怦乱跳地过去问她："你怎么用牛奶洗脸？"她看我半天，说："我买不起化妆品啊。"我就走了，出去买了两箱牛奶回来，趁她没在屋的时候，我就跟个小偷一样，把牛奶放她那儿了，然后就逃跑了，好几天也没敢去她们宿舍。有一天在食堂，我正闹着呢，后边有人拍了我一下："你叫什么名字啊？"我一瞅是她，我就疯了，我说："我叫孙红雷。""你哪个班的？""我音乐剧班的。""你给我送的牛奶啊？""啊，怎么了？""谢谢你啊！"然后她就走了。

田　歌：后来成没成啊？

孙红雷：我觉得这事有门儿啊！后来我鼓起勇气来了，到她们教室外边等着她，我说："你去过故宫吗？"她说："我去过。"我说："我没去过，我不知道怎么走，你能陪我去一趟吗？"现在觉得太不靠谱了。我们俩就坐了一个黄包车，我就觉得我那时候太老实了，那黄包车没多宽，我把自己挤到一个边上，给她留了好大的空，她也往另一边挤，中间就余出好大的空来。人家车夫乐了，说："你俩怎么离这么远啊？你们俩什么关系啊？"我闹了个大红脸，俩人就下车步行奔故宫去了。我们拍了点照片，后来就开始来往了。其实你们说我有招吗？我觉得一点都不高明。

田　歌：果然很青涩，但是很浪漫。我在听你这个故事的时候就在想，现在孙红雷追人心也不跳了，直接就跟人坐到近近的了，是吗？

孙红雷：我现在可能会比那个时候直接，像那个时候太浪费时间了，就完蛋了。所以我希望我自己有这样的时间去谈恋爱和享受。

田　歌：现在人已经没有那种奢侈了，追自己爱的人，都嫌时间太慢。

孙红雷：对。挺美的，有了这样的记忆，我就觉得我的生命没有那么干干地就过去了。

田　歌：你演的很多角色都有爱情关系，每个人不管背景什么样，爱都是很单纯的，你觉得你在现实当中还能找到这么单纯的爱情吗？

孙红雷：有，一定有。

田　歌：找到了？

孙红雷：我一直在找，我相信它一直在。

田　歌：你会失恋吗？

孙红雷：我失恋过。

田　歌：你是属于那种自我疗伤的人，还是要去找哥们儿发泄倾诉的人？

孙红雷：自我疗伤。

田　歌：那很苦啊。

孙红雷：是挺苦的。我很反感我失恋时的那份脆弱，所以我不想面对它，我觉得有了那一次以后，我这辈子不想再有了。我觉得两个人分开了，不管你们结没结过婚，你们曾经拥有过最美好的东西，不是说你们离婚了，或者分手了，这东西就荡然无存了，这我太不喜欢了。我觉得你要能多记一点美好的东西，可能你就会生活得幸福，你幸福了，你周围的其他人也就更幸福了。

田　歌：我记得你在《半路夫妻》里说男人就是要有品质，你觉得男人的品质包括哪些内容？

孙红雷：一个男人基本的品质就是责任感，然后给身边的亲人安全感，这两个我觉得是最重要的。

田　歌：爱情、朋友、事业、亲情，谁最重要？

孙红雷：前三十年事业最重要，后三十年我觉得可能家庭会是第一位了。我真的想生个女儿，你看要有这样一个小东西在我身边天天走来走去的，发出一些怪声，然后长大了，我会关心男朋友是谁啊，我会很幸福的。

田　歌：孙红雷太能煽情了，我估计所有的女观众都要疯了，而且要想入非非。

孙红雷：真的，因为我脾气很暴，真的生起气来我会发很大的火，自己都把自己吓到，但是如果有一个女孩儿上来糊啦我脸一下，立刻就好了。

主持人田歌

做一个坚持信仰的朝圣者

田　歌：你的同学告诉我，说生活中你特别开心，特别随意，一到创作就变了一个人，特别严谨，特别认真。

孙红雷：我和大家心目中的孙红雷可能完全不一样，我真的挺反叛的。我喜欢有很多好朋友，这是我生活中的一面；另一面，对于创作上，我真的希望自己不要随波逐流，让这个市场把我淹没了，让我连自己的思想都没有了，我觉得这是我不能容忍自己的。可能我真的是双重人格。

→

田　歌：你觉得你骄傲了吗？

孙红雷：我觉得我踏实了。我刚出名那会儿，真的特别兴奋，特别高兴，自己也有张狂的时候。可是我入行到现在，见到了太多的世态炎凉，见到了太多我以前完全预料不到的事情，我觉得我现在是一个特别踏实的人了。

田　歌：刚才我们记者也问我："你觉得孙红雷变了吗？"我说："他变了，他怎么可能不变，不变的话他怎么能把角色演这么好？"而且我觉得好像也有一些架子了。

【田歌谈艺录】孙红雷说他怕"市场把我淹没了"，也许道出了演艺界中那些有思想、有志向者的共同苦衷。艺术家的生成是需要土壤的。好莱坞的导演格林在评价玛丽莲·梦露时讲道，她是那个时代最了不起的天才之一，但"好莱坞无耻地糟蹋了她"。好在我们现在虽然也是市场经济、商业原则，但总有一个社会主义的保护层。但愿在中国艺界能培养出真正的艺术家，而不是让他们淹没在市场中。

孙红雷：有吗？

田　歌：有一些，那没办法，环境变了，驾驭的角色多了，好听话听多了。你看你身边，哪还有什么批评的话啊。

孙红雷：有，有批评的。

田　歌：你的同学特地说：“他和我们见面的时候，总是尽量地让自己平和。”这个词你听清楚了吧，“尽量”地让自己平和，就说明已经有架子了。

孙红雷：这是一定的，在圈里摸爬滚打，历练下来，一定会有的。我觉得那个架子可能就是我身上的一层壳吧，我现在坐在这儿，还是有壳的，但是好在我生活当中这个壳就不在了，我会变成另外一个人，那个人就像我刚才所说的是踏踏实实的。

田　歌：其实我也看了很多你的采访，应该说你确实都是真诚的。我觉得好像大家对你的评价都是挺好的，我却另外有一种担心，会不会有那么一天，已经没有导演能导得了孙红雷的戏了？

孙红雷：不可能，我见过一些演员，导演导不了他的戏，当我见过什么是不对的，我就知道应该怎么做了，所以我永远不会。我觉得每个人都很艰难，我刚做演员的时候，也承受了很多跟自己尊严有关系的事情，所以我不能够让我的合作伙伴感觉我是他们不能够承受的人。很多人说我气场很大，到了剧组以后，很多演员都很怕跟我对戏，那我就用我的真诚告诉他们，我不是那样的人。但是我是个认真的人，我觉得一起合作的人，只要努力了，就够了，不怕你没有能力，就怕你不努力，我的底线就在这儿了。

田　歌：我很佩服这个态度，其实很多事情就怕你态度不好。

孙红雷：其实我也对自己有一个要求吧，人总有一天不能免于死，我希望自己能够死在舞台上，或者镜头前，所以每一个镜头，都不能够让我凑合过去，这是我不允许自己做的事情。我视表演为我心中的圣殿，我是一个朝圣者，所以我有很好的信仰，极坚实的信仰。

田　歌：其实很多刚刚从戏剧学院走出来的学生，都有你这样的信仰，但是也许是因为天赋，也许因为机会，也许因为环境，这些信仰就慢慢消失了、磨损了。我从你的作品里看到你的信仰在一步一步地实现，但是我觉得你非常辛苦、非常累。

孙红雷：其实我太懂得演员的苦，你刚才说很多演员由于各种各样的原因，他心目中的圣殿没有了，我很心疼他们，特别难过。所以我想告诉我这些师哥、师姐、师弟、师妹们，其实生活没有那么艰难，你把那个圣殿埋在自己心里，让它成为自己心中的一块净土，你可能会比其他人更享受生活。生活中有各种各样的难，我没成名的时候，有没成名的难；我成名了以后，有成名后的难。所以你现在接不到一些好的角色，并不代表生活对你不公，事实上生活永远是美好的，看你自己如何选择吧。

黄海波

混在人堆儿里看不见的『挤星』

田歌印象

在影视圈里，黄海波不属于俊男美女那一拨的，他自己也觉得如果有人说他帅，他会心虚。但是就是有很多人喜欢他，喜欢他长的那样儿，喜欢他演的戏。尤其是《媳妇的美好时代》之后，他演的余味一下子成了女孩们眼里的香饽饽，成了“经济适用男”的杰出代表，都说要嫁就嫁这样的男人。

黄海波大红了，我想他应该会端着点明星的架子吧？没想到还是直接坦白、藏不住话，什么实话都往外兜。没有出色的外在形象，就靠着十倍于人的努力一部戏一部戏地磨出了今天的成绩；也曾有过角色被人挤走的辛酸经历，如今再说出来，虽然仍有些纠结，但已云淡风轻；跻身一线，也不敢忘本，反而更下狠手地“自我打击”；作为女孩们都想嫁的“经济适用男”，他更不忘大曝自己的哄女孩绝招，造福广大男同胞……

这样真实的黄海波，如何不让人喜欢？

部队大院出来的实心眼儿

田　歌：刚才我来的时候，有几个观众问我："田老师你今天录谁啊？"我说："黄海波啊！"那几个女孩一看就待嫁，你猜她们说什么？"啊！我喜欢他！"我说："喜欢他什么啊？"有的说："我喜欢他演的人物。"有的说："他表演特好。"还有一个人，她的话你听了肯定特高兴。

黄海波：怎么说的？

田　歌："我就喜欢他长的那样儿！"

黄海波：谢谢谢谢，我妈曾经这么说过。

田　歌：海波特别活泼，特别生动，特别会演戏，但是我真的刚刚知道你是北京爷们儿。

黄海波：北京爷们儿，没错，比较典型。

田　歌：那北京爷们儿身上都有什么劲儿啊？

黄海波：热情，特别热情，喜欢跟人聊天，北京人叫"侃大山"。但是有一个前提，喜欢你怎么着都跟你聊，不喜欢你怎么都不跟你聊。有时候我觉得北京人，他骂人不拐弯，但是还夹着一些亲切的称呼，骂人也骂得那么好听。

田　歌：你身上也有这劲儿啊？

黄海波：我还行，我是属于聊起部队的那些事，聊起打仗的事，眼睛就亮了。

田　歌：北京爷们儿懂理。

黄海波：特别懂道理，说话办事情讲理。

田　歌：北京爷们儿还有一股爷劲儿。

黄海波：有时候有点，还真有一点。

田　歌：你觉得北京爷们儿身上的气质你都有吗？

黄海波：我觉得都有，但是那点爷劲儿吧，这看跟谁，有时候跟一帮特别好的哥们儿在一块，就特别明显地出来了。

田　歌：那你这个爷劲儿，是什么内容的爷劲儿？

黄海波：吃什么？哪个贵你们点哪个，谁在我之前买了单我就急眼。

田　歌：这是仗义。

黄海波：其实也是爷们儿。

田　歌：对，他们说北京爷们儿还有点牛。

黄海波：牛，因为是首都嘛，天子脚下，他知道的事情肯定比外边的人多，对吧？一般来说，一个外地人到北京来，基本上这几个环就晕了，所以我觉得北京人最喜欢给外地人指路。

田　歌：他们说北京现在的这些孩子们，基本上分三个生长的环境。有一拨是生长在北京的部队大院；有一拨是生长在北京的机关大院；还有一拨成长在胡同，更生活化一些。你肯定是部队大院的。

黄海波：部队大院的。

田　歌：你觉得这三个环境有什么不同？

黄海波：部队大院的孩子整体可以用两个词汇——忠诚、勇敢。但是表现的方式，比如说忠诚，就是在一些调皮捣蛋的作战任务，比如说偷西瓜、偷葡萄，很有团队精神，偷西瓜可能派两个年纪最小的去吸引“哨兵”的注意力，其他人匍匐前进，把西瓜偷出来，这是忠诚，就是团体意识；勇敢是出了事被抓之后都不说，绝对不说。

田　歌：绝不当叛徒。

黄海波：绝不当叛徒。人家问：“你们七个人当中谁是领头的？”结果七个人都说自己。

田　歌：机关大院熟吗？

黄海波：机关大院还行，我觉得机关大院的，从小玩的玩具就不一样，我们就是子弹壳，大一点的是炮弹壳，和我们院隔了一道墙的是航空研究所，就是你说的机关大院，每年过年的时候我们和他们打炮仗；他们玩的玩具可能就是一些飞机模型，他们的院里边还有飞机，他们去拆一些飞机的零件。我们穿的衣服是父亲换下来不穿的；他们就是中山装。机关大院的孩子，也用两个词形容：第一，坏，但是是淘气的那种坏；第二，好像学问比我们高。

田　歌：小资。

黄海波：有点小资。胡同大院的没有什么接触，接触也是男人与男人之间强悍的接触，打架，但是基本上都是我们的胜利——当然可能是因为我们没到胡同去。

田　歌：我觉得你演的这些角色都是特别有喜感的，生活中你也是这样吗？

黄海波：有的时候想黄海波不能想复杂了，想复杂了你会觉得这人深不可测，其实在我这儿特别简单，黑就是黑，白就是白。

田　歌：特简单。

黄海波：可能随着年龄的增长，不认识你的人会觉得你挺复杂的，其实不是。想我的事，想的越简单越容易办，想复杂了可能特别难办。

田　歌：你爱憎分明？

黄海波：全挂在脸上。

田　歌：你不注意细节？

黄海波：有时候也注意，但毕竟这么多年了，有时候我同学、好朋友老说我："黄海波你别那么说话。"我说："我怎么说话了？"他说："人家说句话你为什么非要撅人家？"我说："我没有想要撅他，他找挨撅。"我记得我们一个朋友的朋友带来一个女性朋友——我绝不是不尊重女性——她新买了一条裙子，一看就是革的，她非告诉说是皮的，我说："什么皮啊？"她说："犀牛皮。"我说："不是犀牛皮，是鳄鱼皮。"就因为犀牛皮和鳄鱼皮我们开始辩论，最后我说："行，革的犀牛皮。"

田　歌：是不是你心里藏不住事，看见什么就要表达正确的观点？

黄海波：也不是，反正就是说实话。

要嫁就嫁"经济适用男"

田　歌：你演完余味之后，大家都有目标了，说余味才是好男人，但是给他戴了个标签叫"经济适用男"，还有人说要嫁给经济适用男。我老觉得，凡

【田歌谈艺录】艺术的创作尽管允许杜撰，但不管是假的、真的，你只要传达出来，都有它的影响力，都会去干预生活。所以影视一定要考虑到社会效果。有些人把它当成一切都是假的；有的则把它一切都当成真的。那里的人与事不论好坏，都是典型化了的产品，虽然大多都有生活原型，但戏就是戏，绝非纪实。无论小说、影视都源于生活，但你千万不能想着影视中的生活，按着影视所表现的去生活。

是人们从荧幕上、舞台上喜欢的人物，生活中就没有。

←

黄海波：说实话，我觉得《媳妇的美好时代》是老天爷对我的一份厚爱，因为上大学的时候我演了四年的喜剧，班里老师、同学都知道，我在台上基本上属于满场飞的那种，包括海清，他们都觉得黄海波演余味太适合了，他上大学就这样。所以我不费吹灰之力地就把这戏演了。

田　歌：你的意思是生活中你就是余味？

黄海波：他离我挺近的。

田　歌：所以说在表演上应该算是驾轻就熟了。

黄海波：对，他处理家里面妈妈、妹妹、丈母娘、二妈、媳妇儿之间的关系，反正让我处理的话我也这么处理。

田　歌：你觉得什么叫“经济适用男”？

黄海波：经济适用男，经济上是——多说点，因为在北京——月薪在三千到六千之间……

田　歌：那你不行了，你挣太多。

黄海波：长相普通，混在人堆里看不见，有房没车或者有车没房，属于那种潜力股，经济适用男会逐渐变成经济商品男。

田　歌：越来越有钱是吧？

黄海波：很多女孩子也跟我交流过，找一个很有奋斗感的男生，这个男人很努力，对她也很好，虽然他现在什么也没有，可能两个人还在租着房子，但是跟这样的男生在一起，她就会觉得充满了希望。

田　歌：余味跟你的标准还真有接近的地方。出得了厅堂，下得了厨房；捍卫爱情果实，该出手时就出手；长得不帅，对感情专一，从不花心；懂得调剂各种关系，委屈一人，幸福全家，尊敬长辈。

黄海波：你想知道我生活当中什么样吗？我得改一下词儿。我是赖在床上，下得厨房；捍卫爱情果实，以理服人；长得不帅，对，对感情专一，对，从不花心——心里惦记行吗？从不花心有点难，我觉得是这样，爱美之心人皆有之，但是你不能让你这种太过于……总之就不能有实际行动；我不太懂得调剂人际关系，委屈别人我也哭了，孝敬长辈这个是对的。跟生活当中微微有些出入。

田　歌：我怎么觉得你比这个更完美呀？

黄海波：其实余味也是我的一个榜样，虽然是我演的他。我把那一次拍摄当成一次练兵，我也相信在未来的生活当中如果遇到这样那样的问题，我也能处理好。

田　歌：戏里面海清演的豆豆说你给我跪下，你“扑通”就跪下了；说你磕一个，你“当”就磕一个。

黄海波：那场戏就是即兴来的。有的时候我和海清演戏挺奇怪的，她说什么词儿我不知道，我要说什么她也不知道，大家只说说这场戏大概怎么演，然后预备开始就演了，很多时候即兴的成分特别大。

田　歌：那你们这搭档太好了。

黄海波：所以我觉得这么多年她真是我亲爱的同学。

田　歌：要是你在生活当中找一个老婆，老婆让你跪下，你是不是就像余味一样就跪下了，让你磕一个就磕一个？

黄海波：不磕，不跪，男儿膝下有黄金，我一堆道理等着她呢。

田　歌：我有一个特别现实的问题，希望海波来帮我们分析分析。你看大家都喜欢经济适用男，都觉得经济适用男好，可是为什么还有那么多剩女，她们就不去选择经济适用男？

黄海波：我有一些剩女的朋友，我觉得大多数剩女，一般来说都具备两点，一是她有自己的工作，也就是有了相当的经济基础，自己又很独立；第二点，好像大多数在感情上多多少少都受过那么点刺激。为什么剩这么多？其实这事是这样，据2010年人口普查，中华人民共和国现在男的比女的多了快三千多万了，所以物以稀为贵。总之，剩女就是男的给弄的。

田　歌：你觉得什么样的女人是好女人？

黄海波：具有传统中国妇女的美德，温淑贤良，在家能够教育孩子，孝顺父母——要是长得特别好看就更好了。就像女孩子喜欢白马王子一样，男人他也琢磨啊，找一个天使般面孔、魔鬼般身材的，时不常我骂她一顿，她照样得对我好，回家还得给我做饭吃，会收拾屋子，还会挣钱——也有这梦想。

田　歌：你够贪的。

黄海波：我是说男人的梦想，梦想离现实那就是十万八千里。

田　歌：有朝一日海波也会有孩子，你希望成为一个什么样的父亲？

黄海波：虽然我是纸上谈兵，但是我都预想好了。要是未来有女儿的话，我不

黄海波在谈话节目现场

管，交给她妈管，想怎么样都行，只要是女儿的一句话，让我干吗就干吗；要是儿子，我得设计设计，找两件事，我得好好揍他一顿。第一件事，把一百块钱破成零钱，放桌上，他肯定偷偷拿，第一回不理他，第二回还不理他，拿第三回秋后算账，一定把屁股揍得开了花，让他记住不要去拿人家东西。

田　歌：你这叫引诱犯罪！

黄海波：第二件事，撒谎这事儿，估计不用设计，肯定得犯，男孩子都这样，逮着机会揍他一顿。然后每到暑假，放到野战部队去军训。反正我小时候我爸怎么对我我就怎么对我儿子。

黄海波的“哄女孩”绝招

田　歌：你知道大家喜欢你的原因是什么吗？你在家里面说磕头就磕头，特尿，可是出去面对毛豆豆那个情人，你还特英勇，捍卫自己的爱情。人家觉得：嘿，他也有特英勇的时候！就感觉这个男人特别可爱，特别接地气。

黄海波：男人都得这样，娶到手的媳妇儿要是被别人抢跑了，奇耻大辱啊！

田　歌：有的人在家尿，出去也尿。

黄海波：我代表男性同志们说句话，男人大多数，95%以上，都是装尿，是因为我让着你。老有一句话叫委屈，其实委屈吗？一点都不委屈，就是装一下，大不了你说我两句，这个耳朵听，那个耳朵就出去了。

田　歌：这就是聪明男人，是吧？可是很多男人他就做不到这一点啊，他就装不了这㞞啊。

黄海波：你得会说。其实脑子里面搁着几句溢美之词挺好的，你跟人说的时候不要气哼哼的，可以浪漫一点，拉过手来，一定要看着对方的眼睛："我圈儿你！"或者"我括弧你！""我此处省略一万字你！"行了。

田　歌：你这也太投机取巧了！

黄海波：一定要看着对方的眼睛。有的时候女孩会问你："你爱我吗？"怎么回答？你随口一说："爱！"完了，你敷衍我，你不够真诚。怎么才够真诚啊？眼睛里挂着泪花好像有点假。你一定要也直视对方眼睛，然后说一声："嗯！"行了。

田　歌：就是表演得得当。

黄海波：男人得会逗女孩子开心，你得让她们高兴，其实把她逗高兴了，你也就高兴了。

→

田　歌：对呀，怎么这道理很多男人就不明白呢？你觉得女孩怎么就高兴了？

黄海波：这得根据实际情况，有不同的战术。她要是因为你而生气，正在火头上呢，你过去态度一定要诚恳："我知道我今天当着你

【田歌谈艺录】黄海波的话，有些可信，有些不能信，但这句话可信。不但男女夫妻之间，就是同事之间也要有这种"弹性"，不能你来闪电，我就来霹雷，那你的小窝儿就要拆了，失火了，烧没了，后悔都来不及。有道是退后一步自然宽，谦让一点不是示弱。有征服欲的多没有好结果。

朋友的面非常不给你面子，我是王八蛋，畜生，你休息，别搭理我，我滚蛋了！”然后出门，出门不能真走，出去一定要掐表，数三十个数儿然后回来：“晚饭想吃点什么？”逛街的时候，迎面过来一个英姿飒爽的美女，一不留神看了人家一眼，回去之后肯定跟你折腾啊，你也得会聊：“身材傻高傻高的，女孩子腿长那么长，买裤子都费布！”你一定得把对方的优点全聊成缺点。本来人家长得挺漂亮的，原装的，也没整过，你得说：“肯定整了，估计奔日本花好几百万。我看你就好，我就喜欢，原装进口，纯天然，有营养。”

田　歌：坏透了，但是坏得可爱。其实这时候老婆也知道你是胡说，但是觉得你还是善意的。不过你就不能做到大马路上看到美女坚决不扭脖子吗？

黄海波：我觉得这特别违反男人的人性。

田　歌：这是实话。

黄海波：过来一个的时候就大大方方地看，可以仔细看，看完了你得说：“跟你比差远了！”不能光这一句话，还得说出因为什么。“哟，看得挺仔细呀？”“当然得看仔细，你直接就把她比没了！”

田　歌：你为什么不能直接说这是男人的天性，你让我不看我做不到，但是你让我不要移情别恋，我做得到。

黄海波：不行，这个话绝对不能讲正经了，讲正经了是显得很假的。

田　歌：假设你走在大马路上，有哪些情况会让你驻足？一辆漂亮的跑车，一张美丽的面孔，一个拉面馆。

黄海波：我说句实在话，好像第一视线应该先看女的，第二视线看那车，第三进面馆。但是，假如说我老婆在边上坐着，这就是另外一番说辞了，先进面馆，车不错，人？哪儿呢？没看见。

田　歌：其实早看过了吧？

黄海波：第一眼就看见了。

田　歌：我曾经看到过一个真实的画面，大夏天，在一个广场上，一个中年男子跟他妻子逛累了，也没座位，怎么办？那男的一弓箭步：坐腿上。你做得到吗？

黄海波：有点做作了吧？累了很简单啊，找个马路牙子就坐下了嘛，夏天坐马路上还凉快呢。

田　歌：那你就是做不到呗？

黄海波：真要有那个要求啊……那做作就做作一下吧……

田　歌：海波有可能还真是一个完美男人，现在还“待嫁”。

黄海波：歌姐姐我求求你了，可千万别贴标签。

田　歌：这是我贴的吗？是你不断地给自个儿贴呀。

黄海波：我现在往回找补呢。

大人物成为大人物之前都是小人物

田　歌：你小的时候最喜欢的荧幕形象有吗？

黄海波：有，兰博。那时候部队大院放陆天电影《第一滴血》，从此之后，以前上学的时候要走一个S线，现在不走S线了，走直线，翻过三座墙。五六个人站二楼阳台上，比勇敢，谁敢往下蹦？想半天没一个敢下去的，说："底下太硬，这要是摔了，家长知道了，就再也不让我们玩了。"就找把铁锹把地挖松了，全下来了。也不知道谁说的："有本事咱们从三楼！"全上去了，然后在那儿就说："谁敢跳下去，谁以后就是永远的老大！"我比较聪明，我说："我不当老大了，我当老二。"后来也没人敢争老大，我就当老二了。

田　歌：我第一次看你演戏就是《激情燃烧的岁月》里的石林，那绝对是干部子弟了。

黄海波：挺适合我的。

田　歌：演了石林以后，你爸是怎么评价的？

黄海波：我爸觉得挺好的。我拍《激情燃烧的岁月》的时候是2000年，我大学三年级，然后2001年就大学毕业了。我当时就想挺好的，有人开始认识你了。当时圈里也说："电影学院有一个刚毕业的孩子叫黄海波，《激情燃烧的岁月》里演石林的那个，这孩子挺有潜力的，我们多给他一些机会。"其实我还有一个戏，这么多年，我觉得那戏也适合我。有一个导演叫张元，他曾经导了一部戏叫《妈妈》，我那年11岁，演一个弱智儿童，迄今为止我觉得那个戏很适合我。

田　歌：我知道那是你的荧幕处女作，但是我真的没有想到把你和弱智儿童放在一起。

黄海波：又没有人笑你。我不大喜欢那种矫揉造作、装腔作势的人，包括在演戏上我也痛恨三点：虚情假意的表演、矫揉造作的表演和充满了表演经验的表演。

田　歌：太专业了这话，完全技术化的表演它就没劲。我真的觉得黄海波同志太会表演了。

黄海波：我觉得演戏其实是特简单的一个事儿，每一个演员在塑造一个角色的时候，希望能够打动观众，让观众爱看，你得掏心窝子，你得是真的，你才能去打动他、感染他。你是真的，观众就接受你；你是假的，他就讨厌你。

【田歌谈艺录】“你是假的，他就讨厌你”，这是表演定理，但怎样能做到不假才是艺术。你为了“真”而拼命地去喊，喊大劲儿了，那就是假，这就是表演中的“为了真而失真”。一定要有一个艺术的恰到好处。你一定要从艺术的角度、生活的现实两个方向去考虑怎样才是真的，而不是你觉得怎样才能真。“弄假成真”是艺术，“弄真成假”就是画虎不成了。

→

田　歌：我老觉得演员挺了不起，因为他用整个身心表演，他不可复制，无法流水线作业。

黄海波：演员是这样，哪怕一个很小的细节里头，真是有我们的血，有我们的汗，有我们倾注的极大的心力，最终呈现出来可能不好，可能还挨骂，但是我就觉得表演这块神奇美妙，我陶醉其中。这是件很过瘾的事，往大了说，有时候影视承载着很多任务，比如说教育人，给人以启示，演员更应该把你塑造的爱恨情愁真善美的东西表现出来，哪怕感染观众、影响观众，我觉得是件积功德的事。

田　歌：我从黄海波的话里就能感觉到他对表演事业非常热爱，而且表演对他来说是一个值得用一生挖掘的金矿。我看到一个电影学院招生的考官在博客上说：“我真想跟这些家长说啊，表演系可不是表脸系。”意思是说带来的这些孩子个个都真漂亮、真帅，但是很多都不是这个材料，真的把你招到这个队伍里来，你将来也会很痛苦。

黄海波：没错，这是一条不归路啊。有人喜欢出名，喜欢万众瞩目，喜欢鲜花，喜欢掌声，唯一能够帮助你的就是去做演员，演一个好戏，火了，就有人鼓掌了，有人送花了，所以就去考了，但是一旦你走上来以后，你的路很艰辛、很坎坷。我觉得到现在为止，我依然有特别强烈的忧患意识。其实诸位亲爱的观众朋友，你们挺残酷的，因为你们想放弃一个演员，分分钟就放弃了。你们一分钟之前可以喜欢他，一分钟之后就可以烦他了，但是我们能够做的就是别等到你烦我，我感觉到你快烦我的时候就得变了，变一个你们喜欢的。

田　歌：据说你有一个表演的“三字经”？

黄海波：稳、准、狠。“稳”就是你要对你演的角色准备得足够充分，就好比打枪，枪得擦亮了，子弹得装上，端得稳。“准”就是表达人物要非常准确，儿子就像儿子，老公就像老公，孩子他爹就像孩子他爹，朋友就像朋友。“狠”就是给力，就是精彩，能不能够把这个人物演得生动、真实、可信、让人喜欢。

田　歌：极致！当演员的人，在表演中要有特别高的热情，超乎寻常人地热爱戏里的生活，要真实；但是面对真正的生活时如果真的这么热情，真的这么真实，可能你就要栽跟头，所以还就得要有一些理性，强迫自己学会理性。

黄海波：演戏说错一句台词是可以重来的，办错一件事情也是可以重来的；但是生活里边说错一句话、办错一件事情是要付出代价的。

田　歌：你演的可能是小人物偏多，但是我相信你心中还是有很多山峰要攀登的。

黄海波：我是这么想的，大人物在没有成为大人物之前都是小人物，英雄在没有堵枪眼之前他也不是英雄。就这么简单。

→

田　歌：有一种演员他演什么像什么，还有一种演员他演什么都像他自己。但是这两种演员都有人喜欢。你觉得你是哪类演员？

黄海波：我觉得我是前一种。

田　歌：演什么像什么？

黄海波：也不是演什么像什么，其实演员塑造完这个角色深入人心以后，再想有一些变化，让观众接受另外的形象有点难。这是一个思维的习惯，需要一个时间，但是这个时间有时候会把这个演员等没了，大家可能记住他还是原来的形象。这个挺残酷的。但是你要想把这个东西合理地转变过来，那就得下工夫了。你说就这么一张脸，眉毛、眼睛、鼻子、嘴巴还能变到哪儿去？力图改变是一件非常非常难的事。

田　歌：演什么像什么，是最高境界。

黄海波：你得是真的啊。如果有一天，我演个角色把你们都欺骗了，整个戏演完以后，所有人都说："黄海波在哪儿呢？没看见。"我觉得太棒了。不知道这辈子能不能碰到。

【田歌谈艺录】正常人生下来谁也不缺胳膊少腿的，没有三头六臂、千手观音式的；名牌大学里的学生也就都是学生，连小职员都不是，为什么后来就大不一样呢？荀子讲"君子生（性）非异也，善假于物而已"；孟子讲"从其大者为大人，从其小者为小人"。仔细思量着，这两条够你一生用的了。

黄海波在谈话节目现场

代很好。

物还是迎合观众？挺难的。这
人物了也迎合观众了。

尤有丁力了。

师没教过我模仿谁演戏，演一

色都敢演。我记得我还问过
“当演员的要是这点勇气都没

不是胆子越来越小，是因为
应该对他们负责，所以你可
去选择一些角色。你的标准
，不能让人家失望。

以十倍努力换来今天的成绩

田　歌：你最不喜欢听到的赞美是什么？

黄海波：黄海波你长得实在是太帅了！——我曾经跟人有过这样的对话，他说：“黄海波你长得太帅了！”我说：“对不起，停一下，是我听错了，还是你是什么意思？”他说：“我觉得你太帅了。”我说：“不对，我肯定我没听错，你的审美就这样吗？”

田　歌：你从心底就觉得自己不够帅，那你怎么有勇气去电影学院？

黄海波：是因为自卑，真的。我拍《决战刹马镇》时跟红雷哥有一个交谈，红雷哥说：“我的老师曾经跟我说：红雷啊，你看，你这张脸，走出去多吓人啊，这戏你得来啊！”完了红雷哥跟我说：“海波，你看你，混在人堆里看不见。”我说：“是的，怎么办？”他说：“扎扎实实地、用尽心力地把你的角色塑造好，天天脑子里想着怎么把这戏演好看了，让人喜欢看，就够了。”

田　歌：演员要想演好戏，还真得让自己的内心干净点，认认真真做角色，否则真演不好。

黄海波：是的。其实在我们影视圈里，大家都知道，当这个演员，所谓他的戏并不是那么尽如人意的时候，由于他很帅，女孩子很漂亮，会弥补那方面的缺憾。所以像我们，付出的努力要是别人的十倍甚至更多，别人可能演一个戏就能达到那样，我们需要十部戏、二十部戏。

【田歌谈艺录】其实，这好像是一个误区，戏剧不是模特走T台，更不是选美大赛。其实观众坐在那儿，就看两条：一个是故事，一个是他喜欢的演员。长得好看只是让观众喜欢的一个辅助因素，观众喜欢一个演员一定是他演得好，而不是长得好。

←

田　歌：那你的意思是，现在别人说“黄海波，你的表演真好”，你觉得你当之无愧？

黄海波：也没有，看哪个戏，也有不灵的时候，也有走麦城的时候。大学刚刚毕业的时候，也跟导演聊过，说：“这个角色让我演吧，我觉得我能演得特好。”他说：“黄海波，我们相信你，你一定能演得特好，但是这必须得谁谁演。”我说：“我特适合这个。”他说：“我们也知道你特适合，但是这必须得谁谁演。”我说：“为什么啊？”他说：“因为市场。”我就知道了。现在呢？“海波你来演一个什么什么吧？”我说：“这个真不适合我。”“不不不，你适合。”他不用说我都知道，我说：“我知道因为我现在有点市场，但是我实在不适合。”当你不适合市场的时候，别人去演一些角色，你只能去妥协。其实我喜欢和有奋斗感的人合作，和那些工作特别认真的人合作，我不大喜欢那些所谓的戏混子，怎么拍不是拍，怎么演不是演，又不止这一个，全当挣钱了，有时候有些痛恨。

田　歌：我觉得黄海波说的这些话吧，信息量特别大。他现在走到今天这个表演的位置上，获得了成功，但是他的内心还是有些纠结的。任何事情和人们想象的远远不一样，只有自己最明白自己现在的位置是不是最舒服。

黄海波：再说个更纠结的，我觉得演戏好，生活在那个角色里边好，他的爱恨情愁、他的喜怒哀乐挺好，毕竟那是假的。生活里边我真不是个好演员。

田　歌：我听这话心里真的是有点酸楚。他迷恋在剧中的人，他能够单纯地按照那个人的轨迹走，因为他是在演戏，但是到生活当中，他无法按照那个假的环境去生活。

黄海波：所以说我最愿意的就是把心力放到角色上，生活里边，我的亲娘四舅奶奶苍天保佑我，生活简单点。

田　歌：你刚才说了你表演上也有走麦城的时候，哪个角色啊？

黄海波：我不提戏名行吗？就是本来明明内心告诉自己不能去拍，但是人家一请你吃饭，几句话一撩你，一拍脑门："行吧！"合同就拿出来了，按着脑袋就签了，一拍就后悔了。但现在想想吧，也不后悔，我好歹也月供着房子呢，但是表演上就那个了。

田　歌：这不叫走麦城，演员到了你今天这步更有这种可能，一种是为五斗米折腰演了这部戏，一种是为人情演了这部戏，当然也有一种完全是为了自己心中的那个艺术去创作，所以说我觉得将来这种机会你还会很多。

黄海波：还会有。

田　歌：你要轻易不接，人家会说："你牛什么啊，你不就有了点名啊。"

黄海波：我特别怕人家跟我说这样的话。所以我觉得事业再往上发展，需要更高的智慧，需要更注意更细小的细节。

田　歌：我相信你的内心没变，但是你的要求变了，所以还会有一段这种纠结。

黄海波：我觉得会吧，反正人就是这样，你得学会长大，学会承受一些东西。有的时候你在生活当中经历的一些事情，反而是你塑造人物的一种财富。

田　歌：一个好演员是不会浪费他身上的任何经历的。原来你会主动请战，有遭拒绝的经历吗？

黄海波：很多，和每一个刚毕业的学生是一样的，说出来我都直想哭。去试戏，给你挑一场戏来演一下。试完之后我说："怎么样啊？"他说："挺好的，咱们再试两场。"又试两场，他说："行吧，回去等信儿去吧。"过几天说："你再来试两场。"我又去了。反复几次，我几乎把这个角色所有的戏都试过了，最后一次，我说："还试戏啊？"他说："好像你都试了。"连在大街上逛的过场戏恨不得都试了，最终也没有让我去。

田　歌：你现在是很有名气、很有号召力、很市场的演员了，说不定你就把谁给挤走了。

黄海波：也不是，真不是。我老觉得现在好像是刚刚开始。为什么呢？因为你选择的机会多了。原来是没得选择，大学刚刚毕业的时候试这个戏，来还是不来？肯定得来。我觉得后面的话可以与每一个大学即将毕业的学弟、学妹共勉，就是珍惜你演的每一个角色，哪怕这个角色只有一分钟，哪怕只有一个镜头，认认真真地把他演好了，只有把这个演好了，你才有后面的一二三四五六七……

田　歌：一个好演员，很少有天上掉下来的馅饼落在你的手里，当然在这个圈子里也有一夜成名的，但是也有很快就陨落的，真是想靠表演一步步走出来，我觉得都要经过这个大熔炉的锤炼。

黄海波：我是。因为自己不是帅哥，所以刚刚开始奋斗的时候，挺羞于去做宣传，觉得跟一些漂亮的演员站在一起，自己挺丢人的。

田　歌：有点自惭形秽。

黄海波：随着这两年几个角色的积累，这个自信心在逐渐提高，但还没高到漫无边际，什么都是浮云的程度。

田　歌：生活就是那么复杂，生活就是那么不如意。我觉得你现在成功了，相对应该还会好一些。

黄海波：更不好了。那天和我同班同学聊天，忽然想到了那年大学毕业，我们的齐先生送给我们每一个同学的一句话：如履薄冰，谨小慎微。

田　歌：当时不明白？

黄海波：当时觉得，如履薄冰，谨小慎微，那还怎么干啊？现在我真的觉得在未来事业发展过程当中，需要更高的智慧，要注重更多的细节。比如说我的经纪人他批评过我一次，在山西拍戏的时候，荒地上没有厕所，挖了俩大坑，把围子围上了，我正好蹲那儿，然后来个大爷，他说："你是黄海波？你给我签个字吧？"他拿出点卷纸，我还给人批评一顿，我说："您这合适吗？咱还闻着味儿。"但是后来回来，他们也说："虽然这个事情挺可乐的，但是人家可能见你就这一次，再见你不知道是什么时候，尽量能给人家签了还是签了，以后多注意。"

田　歌：别人喜欢你就想不了那么多了。

黄海波：现在也有人提醒我："咱有时候还得装。你得拿着点，你得绷着点。"我明白他们的意思，但是到我这儿有点费劲。

田　歌：是，我太理解了，你到了这样的位置，你的为人处世得有所拿捏了，因为人们想象你就该那样，你要是太平凡了，跟我们一样，就觉得没意思了。

黄海波：我真没觉得，我爸爸就常说我："你有什么了不起？你演一个角色大家喜欢你了，有了名，有了利，你就是这个工作啊，并不是觉得你怎么样了。不信你当个牙科大夫，三十年后人家才会称呼你名医！"

田　歌：那你就说："我也好多年才成名演员啊！"

黄海波：我唯一能跟我爸辩论的就是："好好，你是名医，我是奔着表演艺术家的方向！"然后我爸爸说："表演艺术家？表演艺术家得像我这样头发白了。"我说："我明天就去染！"他说："你的心智也没有达到！"

田　歌：就是说他爸爸常给他泼冷水，这实际上不叫泼冷水，这是充满爱意的提醒和敲打。

黄海波：让你人生上、事业上少走弯路。

田　歌：但是我觉得这真是挺难的一件事，有人提醒你当然是很幸运的，但是人就是容易水涨船高。

黄海波：所以我反反复复地在告诫自己，你要把自己想象到什么程度呢？就是说你就是一个普通的老百姓，普通的13亿人口当中的一个。再具象一点，咱啥都不是，说白了就会演个戏，旧社会你就是唱堂会，就是戏子。

田　歌：海波是有一些纠结，但是也很清醒，下狠地提醒自己，甚至用一些狠的词形容自己。有人说："我演了一个角色让观众特别喜欢的时候，我就想不行，我必须走实力派的道路，否则就总让我演这种角色，我被定型了。"我就觉得这个演员真是很有心的一个人，而且非常有勇气、非常清醒。

黄海波：做演员不同于任何行业，这个行业必须得特别清醒，因为它真能天上掉馅饼，真的会一夜成名，但是没有做好准备的话，你会受不了的，会飘飘然，基本上那样的都逐渐地被淘汰下去了。

孙俪

绽放得像花儿一样的『幸运儿』

田歌印象

也许她不是最漂亮的，也不是最高调的，但是我觉得她是最有人缘的、最幸运的。她的脸给我一种感觉，洋溢着一种奋斗的精神，充满了无穷的力量，特有青春活力。她就是孙俪。

在今天这个演艺圈，孙俪的脸显得特别纯真，特别干净，男观众一看到她的脸，就想到了他的梦中情人；女观众一看到她的脸，就想到自己年轻的时候。所以身为80后的孙俪，几乎赢得了上到50后、下至80后的男女观众不约而同的喜欢。

从《玉观音》到《幸福像花儿一样》，到《新上海滩》，到《画皮》，到《小姨多鹤》，再到《甄嬛传》，孙俪的戏几乎部部出彩，少有失手，可以称得上最会挑剧本、最会演戏的演员之一。这个一天电影学院都没有上过的人，现在成了一线的女演员，她把她原本最可爱的东西都特别自然地渗透在她每一个角色当中，让我们喜欢又嫉妒。

最会挑剧本的演员

红色——《玉观音》——初入行的水深火热

田歌：我觉得你的每一个角色都会给你带来一些情绪的记忆，我们用色彩来代表你的情绪，讲讲每一个角色给你留下的感觉是什么。先从哪一个开始？

孙俪：从安心开始吧，我觉得她是红色的。

田歌：为什么？

孙俪：因为安心是一名警察，血染的风采，而且她给我带来很多生活上和事业上的转折和变化。之前我是舞蹈演员，《玉观音》把我带入了另外一个领域，所以对我来讲她是红色的。

田歌：在整个的创作过程中也是红的感受吗？

孙俪：每天都生活在水深火热当中，因为这是我第一部戏，很多东西要从零开始学起，所以每天自己精神都高度紧张，但是也很兴奋。我在拍戏之前有为期半年的训练，导演每天都要找我谈心，那个时候我胆子很小，只要导演一找我谈心，我就想哭。

田歌：他对你的戏不满意吗？

孙俪：没有，就是不知道应该怎样跟导演、跟整个剧组相处、交流，因为从来没有进入到这个环境当中过。

田歌：当你抱着你的孩子小熊的时候是什么感觉？我真的难以想象，你还是那么年轻的孩子呢。

孙俪：在拍戏之前导演就经常抱工作人员的小孩让我抱，让我体验抱孩子的感觉，让妈妈教我怎么抱孩子，怎么跟孩子交流。其实一开始会挺不好意思的，你想，有时候妈妈跟小孩说话声音会很不正常的，像变了一个人似的，眉飞色舞的，有时候需要那种感觉。而且小孩演戏是完全不买你面子的，小孩在现场拍戏是最大牌的，他想睡觉的时候我们就要拍别的，他要起来的时候我们就要拍跟他起床之后有关的戏。

田歌：演这个角色的时候你感觉到自己要红了吗？

孙俪：没有，不知道什么叫红，这是第一次演戏，只是一心想着要把这个角色演好，别的没有任何概念。那个戏是在云南拍的，我到云南第一天就想回家了，给我妈打一个电话，说我不想拍了。因为剧组有预算，不会有那么好的条件，然后自己在一个很陌生的地方，我提着自己的三个大箱子，想着我要在这个陌生的环境当中待半年，怎么办？所以自己会恐惧。但是已经到那儿了，回也回不来了。

绿色——《小姨多鹤》——一次挑战

田歌：我以为《玉观音》你会用绿色呢，因为自己特别年轻。

孙俪：其实我想把绿色给多鹤的，虽然这个戏名叫“小姨多鹤”，但是在这个家庭氛围当中她就是一片绿叶。

田歌：我估计光一个颜色都不能完整地表现这一个人物。

孙俪：绿色和蓝色都可以，胸怀像大海。

田歌：这个角色好像是一个感人至深的人物。

孙俪：我自己都不太敢看，我怕自己太迷恋自己。有时候我在想，以前别人都说："你眼泪怎么那么多？"我都挺不解的，为什么老在意我的眼泪？我看这个戏就觉得我自己的眼泪还真挺多的。我对多鹤有感情是从看剧本的第一刻开始的，我想她为什么是这样的一个人？我要去研究她的心理。后来我发现她是一个心怀很宽广的女人，她知道报恩，懂得情。

田歌：这个角色和你以往的角色相比对你来说真是挑战很大的。

孙俪：对。

田歌：年龄跨度特别大。

孙俪：从18岁一直到45岁吧。

田歌：你怎么那么大胆，你凭什么就觉得你能胜任这个角色呢？

孙俪：没有想过那么多，接这个戏之前还真没有想过说她年龄跨度那么大或者怎么样，我看重的就是多鹤这个人，我觉得我特别想亲近她，所以特别想去演她。我记得我看剧本那段时间特别开心，开心的是我又遇到了一个好角色。

←

田歌：你不会想我哪儿适合她，哪儿不适合她吗？

孙俪：我看角色不会去想我哪里适合她，而会更多

【田歌谈艺录】"闯江湖"，因为江湖凶险水深，所以要以闯字当先，要敢闯，才能进入江湖的大门，只有入了江湖的门，你才有可能去笑傲武林。一个演员如果连角色都不敢接，那就没什么希望了。这个世界的舞台再宽阔，也没有那些思前虑后者的位置。成大事者从来就没有畏首畏尾，砸了，大不了从头再来。

地去想我哪里跟她是有一点较劲儿的，我需要去贴合她，让自己去靠近任务。

田歌：你挑角色人物的标准是什么？

孙俪：喜欢，让我看得欲罢不能。

田歌：真的，你太幸运了，这么多角色都是你喜欢的。这个角色你演到四十多岁。

孙俪：最要紧的就是四十多岁的时候，演我小孩的跟我都是80后的，其实我们就差几岁。当小孩是小婴儿的时候，那我觉得我像个妈妈，哪怕七八岁的小孩我也相信我是个妈妈，可当一个男孩比我还高的时候，我心里就要犹豫一下了。

田歌：这个自信建立起来很难。

孙俪：所以在拍戏的时候我跟导演说："让所有的小孩不要叫什么俪姐，就让他们叫我小姨。"让我在平时的时候就感觉自己是他们的长辈。那个时候正逢过年，我还得买过年的礼物给大家。

田歌：平时就找到小姨的感觉状态了。

孙俪：对，我记得有一次，演我儿子的可能有点紧张，走位都没有到位，然后摄影师就说了他两句，我立马就跳出来了。其实我心里面想的是不能让自己的孩子受委屈。

→

【田歌谈艺录】苏格拉底说，他的心中总有一种声音在告诉他做什么，不做什么。我谈过许多这种类型的明星演员，真的就像神差鬼使、热魔附体一样地把他们演入了角色，场上场下他都摆脱不了这种魔影。这就是不疯魔不成角吧！

田歌：你是80后的，你们和50后、60后的演员最大的不同是，他要演一个这么苦的角色，他肯定让自己生活在苦行僧的状态下，80后就特物质。

孙俪：不是，这都是大家对80后片面的理解，我愿意说80后是享受型的，哪怕再苦的环境，我都希望自己的生活是很享受的。我虽然拍戏很累，但是我一切装备都要很好，比如说我会带自己的电饭锅，我要每天自己煲汤、煲粥，不能让自己的肚子饿着了，我会带自己平时用习惯的各种各样的东西，几乎把一个家都搬过去了。我的想法是我的工作已经很辛苦了，我要让我平时的生活好一点，这样我才能更投入地去演戏。

田歌：这就是享受型的，现在这个时代的人就更讲究爱护自己，过去的女演员可能就会让自己每天都生活在戏中那么一个状态下，而你们的创作就是跳出跳进。

孙俪：那就是在培养你自己的韧性，前一分钟我还是孙俪，后一分钟我就是多鹤了。

黄色——《幸福像花儿一样》——充满生命力的向日葵

孙俪：《幸福像花儿一样》的杜鹃是黄色，我觉得杜鹃的感觉就像向日葵一样。这个戏其实我们整个周期应该是65天，但是我们可能57天就拍完了——不是我们偷工减料，而是真的很多环节都配合得非常好，从第一天开始就非常好。

田歌：非常默契，找到好的合作对手太不容易了。演完这个角色，你会觉得那个时候的女性和现代的女性有区别吗？

孙俪：没有区别。因为我之前在部队待过，所以部队女孩，特别是文艺兵女孩的一些心理我觉得我还比较贴近。

田歌：应该比较好找，但是你们那个时候的部队和戏里的部队已经不太一样了吧？那个时代战士都要拍老兵和班长的马屁，要讨好他们。

孙俪：我们不用拍马屁，也不叫拍马屁吧，就一开始会特别不习惯，我妈那个时候来看我，看得眼泪都要出来了，她说我们屁股上是装着弹簧的。比如说我们在宿舍叠被子什么的，班长忽然出去了，我们马上要立正说“班长再见”，过一会儿他又进来了，我们又马上站好说“班长好”，他可能忘了一个什么东西，又出去了，我们再立正说“班长再见”。一定要这样。

田歌：你们老兵和新兵之间的界限特别清楚。

孙俪：对，但是我们80后就比较好，当我成为老同志的时候，大家都是一样的，这是80后的优点。

田歌：对，我们那个时候当兵要写思想汇报。

孙俪：要。我记得在新兵连的时候，我们刚刚学习叠被子，那个时候毛巾都要放得特别整齐，牙刷都摆45度，都要正好在一条线上。有一天我们吃完早饭，列队回来以后站在操场，看到我们班级里面，两个班的被子、毛巾、牙刷统统从六楼扔了下来。牙刷也分不清谁是谁的，最要命的毛巾是一条洗脚、一条洗脸的，也不知道哪一条是干什么的了，随便捡两条，回去泡泡就用了。

橙色——《新上海滩》——有勇气去挑战经典

田歌：孙俪演《幸福像花儿一样》一点问题都没有，年龄相当，又有过这样的生活，下面是冯程程。

孙俪：我觉得橙色是一个特别有希望的颜色，程程嘛，感觉橙色和她的名字也比较接近。这个角色好像是我所有角色里面争议比较大的一个，仁者见仁吧。

田歌：赵雅芝的冯程程迷倒了几代人，直到今天看见她还有一堆男的神魂颠倒的。因为我也特别爱看《上海滩》，也因为喜欢你，我就特别关注冯程程这个角色。你怎么就敢去挑战这么一个经典角色呢？你就不怕把自己毁了？

孙俪：我在演的时候就想演一个导演眼中的冯程程，我不怕一个角色太完美，因为每个人都有缺陷，如果一个角色没有缺点的话，那也不是一个真实的角色。冯程程她内心很善良，她有她温柔、可爱的一面，但是也有缺点，因为她在父亲的宠爱中长大，所以她会有娇气、任性的一面。我一点都不后悔去演冯程程，还是有一批观众喜欢这一版的冯程程的。

田歌：喜欢孙俪。

孙俪：我更希望大家去喜欢我演的角色。

田歌：但是你演完以后有争议的时候你会不高兴吗？

孙俪：不会，不可能什么都是特别好的，那就太可怕了。我记得小时候老师总说："我现在批评你是为你好，等你长大没人批评你，你才急呢！"我现在就有这种感觉。如果所有人每天都告诉你你怎么美、怎么好，我反而觉得自己是踩在云中的感觉；如果哪一天真的有人来说你一些问题，我觉得说明还有人真的在关注你。

黑色——《画皮》——神秘且真实

田歌：《画皮》你给的是黑颜色，为什么？

孙俪：《画皮》以前是一个鬼片，然后我又是一个降魔者，我觉得黑色不是一个不好的意思，而是神秘的感觉。

田歌：这部戏还没有播的时候我就看片花了，我说我要看孙俪，这一看，孙俪又没刘海，又没涂口红，又没有抹睫毛膏，我说这家伙"原形毕露"了。

孙俪：这样拍戏我最开心，因为你知道每一天拍戏带妆最起码14个小时以上，如果每天擦睫毛、画口红，那时时刻刻都要补妆。我觉得这样拍戏我不用在意脸上的妆，就每天打一个粉底，稍稍刷刷眉毛就演了，而且很真实。

田歌：在这部戏里你所有的合作对手好像当时名气都比你大，你有压力吗？

孙俪：现在名气也比我大——没有压力，我反而会觉得很幸运，因为可以跟那么多好演员一块合作。

田歌：你会不会觉得演了这个戏你就和他们一样是一流的演员了？

孙俪：不会这么去想。

田歌：不会这么想？你不想进步吗？

孙俪：进步可以，在你的业务上进步，这种不需要。

田歌：天呀，你不要把自己搞得这么完美！

孙俪：真的真的，我觉得只要角色活在观众的心中就好了，这是我最喜欢的。

她们教会了我爱自己，也爱别人

田歌：你演戏演到现在，觉得对你来说演戏最难的是什么？

孙俪：每个角色都很难，对我来讲都要从零开始。我也没有上过北电、中戏，所以每个角色我都要问很多个为什么，然后跟导演去交流，跟演员去交流，自己才开始演。

田歌：你演了这么多不同的人物，是就想尝试各种角色吗？

孙俪在现场与狗互动

孙俪：其实有时候演员真的会很被动，不是说你要演哪一个角色就能演哪一个角色，我觉得我很幸运的是可以被导演看中不同的我，这是我的幸运。

田歌：演员最幸福的就是他可以演各种各样的人物，可以把他扮演的角色当朋友。

孙俪：而且自己经历的一些角色，好像演完了就完了，其实每个角色多多少少会在你心里留下一个烙印，潜移默化真的对你会有影响。

田歌：哪一些角色给你带来了哪些影响？

孙俪：我觉得《越光宝盒》是打开了我自己，让我变得越来越自信，因为在这个剧组我就无拘无束地去演，看不到旁人的眼光，就是特别疯、特别自信的那种，那种自信不知道是从哪里来的，所以我觉得好像是慢慢又树立了自己的自信心的感觉。如果说最难忘的角色，可能就是安心，任何角色都代替不了，因为她给我带来了太多太多，带来了现在所有喜欢我的观众。《幸福像花儿一样》带来了更多的感动，让我想到了自己很多部队的生活，我部队的班长看完以后给我发了一个信息，她现在的老公也是部队的，她说他们两个人又哭又笑的，就感觉看到了自己一样。

【田歌谈艺录】用自己的个性去扭曲、强加于角色是一种失败，你演得再好，那也不是角色的本质需要，而是你个人表现欲的需要。而能在塑造角色，被角色感动，并被角色美好的东西所影响、所净化，那才是大收获。

→

田歌：你演的各种各样的角色当中，爱情的状态都是不一样的，你觉得你最喜欢哪一种？

孙俪：每一个人物都不一样，每个人物遇到的感情她的角度都不一样。

田歌：但是早就流行那么一句话叫作“干得好不如嫁得好”，也有人说你只要干得好就能嫁得更好。你支持哪一个观点？

孙俪：“干得好不如嫁得好”这是很多家长对孩子的期许，但是现在很多年轻人工作也很努力，然后也期望自己能够有一份非常美丽的爱情。我觉得感情还是随缘比较好吧，如果你在你的感情上加了那么多附加值的话，好像都有裂痕的感觉。

田歌：我觉得你演的戏里面有一个角色的爱情是特别有代表性的，就是冯程程，她特别爱许文强，丁力又特别爱她，最后她嫁给了丁力。

孙俪：其实爱情是很痛苦的。

田歌：很痛苦，但是好像那些很有经验的人都劝女人说：“你不要嫁一个你爱的人，要嫁一个爱你的人。”你觉得这有道理吗？

孙俪：我不知道，我觉得两个人在一起应该是互相的，情感的付出与得到都是互相的，最幸运的就是可以找到一个你又爱然后又爱你的人吧。

田歌：那你认为婚姻中最重要的是什么？

孙俪：听大人讲婚姻要信任。

田歌：那有没有听大人讲婚姻是坟墓？

孙俪：咱不要说得那么悲，还有那么多人要结婚呢！

田歌：有网友给你提了一个问题，你刚才说找一个你又爱然后又爱你的人，但是实际上女人嫁给什么样的男人到最后她都会后悔。比如说你嫁给有钱的男人，他特忙，没有时间关照你，你就会觉得特别寂寞；你要是嫁给一个很闲的男人，又觉得他没有能力让自己过上衣食无忧的生活；嫁给会说甜言蜜语的男人吧，又没有安全感；嫁给笨拙的男人吧，又觉得生活没有情趣。我知道这事儿肯定都没有发生在你身上，但是有很多姐妹都在这种痛苦的境地当中，你看应该怎么劝劝她？

孙俪：我觉得不能有太高的期许，人跟人相处，我也有缺点，你也有缺点，不要太看重别人的缺点，要去适应别人的缺点，这样可能与人相处得会更好。

我和老妈做“闺密”

田歌：如果亲人相处能像朋友的感觉一样的话，可能这个家庭会特别的和谐。你和你妈妈之间的关系是哪种？是闺密型的，还是绝对顺从型的，还是那种针尖对麦芒型的？

孙俪：闺密型的，什么都能讲。

田歌：那你会劝你妈妈再找一个生活伴侣吗？

孙俪：会。我小的时候也有过妈妈就是我的，你不能再找的想法，但是长大了以后我就觉得每个人都需要感情，我长大了需要自己的感情，妈妈年纪再大她也是一个女人，她也需要有人去关心她。

田歌：那你妈妈要是爱上了一个人也会跟你说吗？

孙俪：会。

田歌：你会给她出什么主意？

孙俪：用我的眼光看看好还是不好。

田歌：你妈妈最常跟你说的一句话是什么？

孙俪：我妈现在对我说得最多的话就是“以后衣服买大一号”，因为我妈妈身材很娇小，我的衣服、我的鞋她基本上都能穿，但是因为我瘦，有时候穿特别紧的衣服她就穿不了，所以为了资源共享。

田歌：我们都特别希望孩子和妈妈能够以朋友这种关系来相处，但是毕竟是母女，有时候就特别难。比如说我和我妈，小的时候我妈老逼我吃饭，我就下决心等我有了孩子以后我绝不逼他。你妈会强迫你吗？

孙俪：我很能吃，所以这方面她不用担心。我觉得我妈属于是这样，比如说学校里同学给你打电话，如果家里是一个女孩，有些父母就会觉得男同学打电话自己心里面好像就不舒服，我感觉这样父母跟孩子的关系就会越来越远。我妈就不会，如果男同学打电话来也很正常，我们之间也是朋友。

田歌：那比如说自己写日记什么的，你妈会看吗？

孙俪：不会，因为我日记上都带锁。

田歌：如果不锁的话，也有可能会被看？

孙俪：我现在接触了很多妈妈，就说她偷偷地看了自己女儿的日记，其实小孩也很单纯，封皮上写了一个“谁看谁是猪”。妈妈想，我就是属猪的，没有关系。然后打开看了，知道原来自己女儿开始暗恋人或者怎么样。有些妈妈就会处理得很好，当作不知道，或者慢慢地问女儿有没有喜欢的人什么的，慢慢地进行开导；但是有些妈妈就会认为它是个事儿。其实谁都是这么过来的。

田歌：比如说妈妈在某件事情上有过失败的经验，尤其是感情问题上，她会不会特别提醒你什么样的男孩别接触？

孙俪：我记得我看过一部几米的漫画书，名字叫“我的错都是大人的错”，我蛮喜欢的。它讲其实大人也有犯错的时候，你为什么希望一个小孩就像一个完人一样，每件事都是对的？我也有犯错的时候，你也有犯错的时候，大人犯错你可以原谅自己，为什么小孩犯错你就不能原谅我呢？其实我们都是共同成长的个体而已。

田歌：这个时候如果能把对方当成朋友可能就好了。

孙俪：对，其实有时候不要太把自己当家长，要放低自己，跟小孩心贴心地去交流。我是单亲家庭长大的，妈妈失去自己的丈夫她也会难过，但是她难过以后她有很多的爱会给我，所以我会知道妈妈很努力地在生活，然后带我长大，所以我要努力地去成长，我要报答她，因为妈妈就是在她自己生活有挫折的时候都没有放弃我。

田歌：你妈妈从来不会在你面前抱怨吗？比如说我为了你付出了多少，为了你我都不怎么了？

孙俪：很多人家都是报喜不报忧，我妈妈是报喜又报忧，很多开心不开心的都会告诉我。我也是这样，我在外面遇到任何事情都会打电话给她，说白了我就是希望找个人倾诉。

田歌：孙俪和她妈妈的相处方式还是值得更多的母亲去借鉴的，大家都掏心窝子讲自己的苦和乐。

孙俪：其实你就把自己放低了，我妈妈从来没有告诉我说：“我是妈，你必须听我的！”很多时候我们可以互相交流决定，比如说我退伍的时候，部队领导都希望我不要退伍，专门到我家里去家访，我妈妈就问我是怎么想的，我说：“我想退伍，我觉得我可以再做一些别的。”我妈妈说：“好吧。”可能那个时候对家长来讲，在部队是一个铁饭碗，什么都不用你愁了，但是我觉得我希望再让自己愁一愁。

田歌：妈妈不会替你做选择？

孙俪：对，我妈说路是我自己走的，如果她给我做选择，万一哪一天我后悔了，我会怨她。

田歌：父母如果能跟孩子成为朋友，那这个家庭就是另外一种状态了。

孙俪：我现在出门，只要去开心的地方，我妈也没有去过，我就会带她一块去。我妈妈吃任何菜都会先问："这个好吃吗？"我就拿着筷子试一下："嗯，好吃，吃吧。"我就是我妈妈的实验田。我妈妈第一次来北京，有一天我正好在外面工作，她自己去不远处的超市买东西，从北门进去的，买完之后从东门出来不认识路了，其实走二三十米就回到原来的地方，结果她打了辆车回家了。

田歌：你的意思是说如果和你在一起就不会出现这种问题了？

孙俪：对，可能因为我是属狗的，辨别方向的能力特别强，去过一次的地方我都能记住。

田歌：听了你的故事我觉得不仅你妈妈做得不错，孙俪做得也不错。我可能会是妈妈的拐棍，但是我很难做到实验田。

孙俪：是吗？有的时候我妈也是我的实验田，比如说接触一个新的护肤品，因为我的皮肤比较敏感，我跟我妈讲我的脸一直要上镜，不能出任何的问题，我妈的皮肤跟我是一样的，她不敏感的东西我肯定不敏感，她敏感的东西有时候我也不太敏感，所以我就让她先用，如果她用着好的话，我再拿回来用。

田歌：如果有时候惹妈妈生气、伤心，你会赔礼道歉吗？

孙俪：用另外一种方式赔礼道歉，假装问一下什么事情，在想什么事情。我的经纪人就说过："孙俪，我知道你了，你不会轻易说对不起，如果你认为你自己做错了，你会主动联系我一下，或者跟我说一下什么，那就是你认错的方式了。”

有爱有责任的萌宠主人

田歌：我们要和亲人交朋友，还要和大自然交朋友，和动物交朋友。你觉得和动物交朋友主要是考验什么？

孙俪：我觉得和跟人交朋友是一样的，就是责任和你的爱。我在北京接触过很多专门收养流浪狗、流浪猫的人，我就不明白，为什么家里有人怀孕了、有孩子要升学了或者要搬家了，你就会把你家里的动物赶出门？我觉得我养它们，它们跟我一样都是生命，所以我要善待它们的生命，就像善待自己一样，而不是说好像它就是你的一个包包、一个茶杯，当我不想要的时候就把它扔掉。我觉得动物虽然不讲话，但是它是有情感的。

田歌：我问过很多养狗的朋友为什么养狗，他说：“养狗我感觉特拉风，我带着狗走，我那狗多好，好多人会羡慕我。”我原来听说过狗仗人势，结果那个人讲完了以后我才知道还有“人仗狗势”的。

孙俪：可能这之后又有一个流浪狗出现，因为他觉得这只是他一个炫耀的途径和工具。有一段时间大家可能看了《导盲犬小Q》，觉得金毛特别拉风，就养了，想不到大狗小的时候特别可爱，可是它会越长越大，它每天吃的东西也多了，拉的屎也大坨了，一换季要掉毛了，可能这些都不是你的计划当中的。当你养了以后，时间长了你可能就厌倦了，你就不想负这种责任了。这就是流浪狗越来越多的一个原因。

田歌：还有一个女孩告诉我："养狗满足了我所有的控制欲，我让它干什么它就干什么。"

孙俪：我们家狗可不这样，我让它干什么它偏不干什么。其实它们会有爱情产生，我们家在上海原来有四只公狗，后来宠物店老板看我特别喜欢一只小泰迪，他就送给我了。那是一只小母狗，来了以后我们家那只约克夏就没有离开过那只小母狗，一直窝在它边上，特别温柔，永远一个爪子放在它身上，跟它一块睡觉。等那只小母狗变成一个小少女的时候，它特别想跟它谈恋爱，它老想跟它发生进一步的关系，一直得逞不了，它特别着急。我们家还有另外一只泰迪，是公的，它就得逞了，然后那只约克夏病了有三个月，浑身发抖，后脚走不了路了，忽然之间瘦了三公斤，那么小的狗瘦了三公斤就皮包骨头了。后来我们想了一个办法，让这只小母狗跟它在一个笼子里睡觉，它的精神才越来越好了。

田歌：孙俪一讲到狗立刻神采飞扬。说是和狗做朋友，我觉得更多的人实际上是满足了自己的快乐。

孙俪：满足自己的快乐没有错，但是你满足自己快乐的同时也要想到养一只狗你有责任。

田歌：他们倒是也有责任，但是我听他们说不许狗出去谈恋爱。

孙俪：那你可以做节育，其实做节育对狗来讲是一个特别有效的方式，我给我们家狗都做了节育，我不希望我们家的狗再有小狗，万一找不到更好的主人，它们可能又要在街上流浪了，所以我觉得节育可能是避免流浪狗增加的一个很好的方式。还有特别是公狗老了以后很容易得膀胱癌，但是做了节育就可以百分之多少的比例避免这个疾病的发生。

田歌：狗跟我们人一样，也会受到各种伤害，你有什么办法来帮助狗避免伤害？

孙俪：比如说在外面遛狗，有的人做得特别好，到哪儿都带一根绳子，其实就是保护了自己家的狗，也照顾到别人的感受。因为不是所有人都喜欢动物的，你在养动物的同时要顾及到不喜欢动物的人。

田歌：他们总说一个很会与狗相处的人会从狗身上学到很多东西，你从狗身上学到了什么吗？

孙俪：它很宽容，它会让你得到爱，会让你感受到被爱的快乐。小孩跟狗接触会从小培养小孩的一种责任心和爱心；老人跟狗接触，有学校验证会降低老人得心脏病跟高血压的几率。其实都是有益于人类的，所以说狗是人类最好的朋友。

吴秀波

不是好演员还骗钱，一定是不要脸

田歌印象

说到大器晚成的演员，吴秀波肯定算得上一个，但是我更愿意用厚积薄发来形容他。他坐在那里，什么都不用说，什么都不用做，就会有一种独特的气质，一种沉淀之后的从容稳重。

也许这样说并不准确，因为吴秀波是一个太复杂的男人，充满了矛盾。他看上去内敛淡定，可是内心却充满了不安，甚至胆怯；他是一个好演员，演艺事业正风生水起，可是却说如果可以，打死也不干这行；他长相称得上帅气，可他却认为等没有这张好看的脸的时候，他一定会是更好的演员；他身为人父，熟男形象深入人心，可是却更想做个孩子；他迷倒了众多女观众，可是心里却有点惧怕女人……

这样的吴秀波让人困惑，却也更吸引人——原来偶像也如此脆弱，如此“不完美”，这样才更真实，更值得“波蜜”们去爱。

北京爷们儿的小资范儿

田　歌：秀波演过很多戏，也有很丰富的人生经历，所以说要跟你谈的东西特别多，我们找了三个道具，看看这样是不是能更简捷地进入你的世界。我们选了一本书、一瓶酒、一种食物。你愿意从哪个道具开始？

吴秀波：吃的。

田　歌：看看这是什么食品。

吴秀波：我最爱吃的——卤煮。

田　歌：这个食品它口味太重，喜欢这种食品的人，是一个内心很丰富的人——当然了，肯定也是一个口味很重的、很有意思的嘉宾。其实，从这个食品我们也可以看到吴秀波的经历，因为这是北京特色的小吃。你是怎么爱上卤煮的？

吴秀波：有一件特老的事，我不是做过手术嘛，切了40公分结肠。小时候大人总说吃什么补什么，吃核桃补脑子，其实就是因为它长得像嘛，或者说吃红豆补血什么的。我想我切了40公分这个，那我多吃点。

田　歌：有特别的情结。

吴秀波：小的时候很穷，十七八岁的时候，北京开始有了歌舞厅，最早我去歌厅唱歌，一天能挣15块钱，当时的卤煮大概是3块钱一碗，如果你能再加两块钱，就多给你一个底。我去唱歌，一个人害怕，总会叫我一个朋友一起去，然后挣的那15块钱，我们会买两碗有两个底的卤煮，再买一盘蚕豆，他有时候要一瓶啤酒，我这15块钱大概也就剩下一两块钱。我那么生活了两年多，但是那段时间特别特别快乐，所以我对这个东西特留恋。

田　歌：秀波是北京爷们儿，但是我觉得你和所有北京爷们儿不同的是，北京爷们儿都热情，甚至有点糙，你呢，有北京劲儿，但是你却是小资的。

吴秀波：有点不开放，有点自闭。

田　歌：是吗？我觉得那可能是一种假象。你觉得北京爷们儿应该有什么特点？你和他们有什么距离？

吴秀波：北京人有一个字，就是“爷”吧。我觉得，这个词意味着一种辈分，可能北京人希望自己都是过来人。

田　歌：北京人老有那种俯视的感觉是吧？

吴秀波：其实我们的上一辈人是特别注重礼教的一辈。我记得在小的时候，我们不许说“你”，一定要说“您”。别人给的东西不能要，要先问过爸爸妈妈，爸爸妈妈允许以后，先要说“谢谢”。还有好多老的规矩，所以，像我们这一代人有着特别强的礼教观念，这些礼教观念呢，让你到外面去会觉得自己变得很谦卑——我不知道别人，我是觉得我会变得有一些病态的胆小。所以我不喜欢北京人身上的那种爷气，我看不惯别人对别人不尊重。其实北京人都是好心人，但是他那种语气，比方说问路的时候，会让人觉得你求着我怎么怎么着。我老觉得人能帮助一些人是一件快乐的事，应该也是一件谦卑的事，所以我就觉得怎么那样。可能是受父母的影响吧，我不喜欢北京人身上那股爷气。

田　歌：其实你是不喜欢糙，你喜欢精致。

吴秀波：有可能。

田　歌：北京人那种大咧咧的口气其实是一种仗义。

吴秀波：特别洒脱，特别仗义。

田　歌：但是一个很讲究感觉的人，他就觉得这太糙了。吴秀波出生在外交部大院子里，他们可能更注意精致，更注意礼节，所以他的小资就跟这个生活背景有关系。

吴秀波：其实，1960年生人，“小资”对我们来讲几乎是一个非常奢侈的词，没什么可小资的，只不过可能比同龄的孩子能早看到一些。

田　歌：因为那个时代是不允许小资的时代。我记得你说过，你特想从事一种职业，就是医生，或者是能够做一种对社会、对人民负责任，为人民服务的职业。但是你的天性不属于这个职业。

吴秀波：我认定有三种职业对人类的贡献最大——农民、工人、医生。我们无法想象在这个地球上，这三种职业中的任何一个消失一年，所有人就不能生存。演员这个行业，消失一百年，一个演员没有，所有人都可以活着。所以我至今不明白，人为什么要看戏。

田　歌：我跟你的感觉不太一样，我觉得演员、新闻工作者，都是为这个社会锦上添花的职业，在我看来最重要的职业是科学家、政治家和商人，这三种职业才是整个社会前进必需的。

吴秀波：很奢侈的行业，这里边万一出现一个骗子就麻烦了。

田　歌：吴秀波穿衣打扮更在意造型设计，还是更在意品质和名牌？

吴秀波：我在意心情。我永远是喜欢什么或者是想什么就穿什么，我不大在乎搭配起来是什么样子。而且我真的记不住牌子，不仅记不住衣服牌子的名字，我也记不住人的名字和电话，这就是我的噩梦。前两天还出过笑话，我们公司一个已经带我出去过好多次的女职员，在采访过程中她进来，我以为是“波蜜”（吴秀波的粉丝），我说：“你好！”她特无奈地看着我说：“吴老师我都跟了你四五回了。”小的时候我近视眼，两只眼睛都是六百度，所以根本看不见人，奥运会管这叫“B级残废”，就是有光感但没有具体轮廓。你看不见人，就不敢盯着人看，后来长大了，把眼睛做了手术调回来了，这个毛病还有。如果能借这个机会，跟所有曾经碰到我这种状况的人解释一下就太好了。

田　歌：充分利用这个机会。

吴秀波：一定要利用，有时候人家说：“秀波，怎么样，拍什么呢？”我说：“你好你好，你怎么样？”“我还行。”我说：“你还在那儿吗？”“哪儿？”我说：“原来你在哪儿来着？”聊到最后崩溃了，那人看着我：“你是不是想不起我了？”我说：“对不起，我真想不起来了。”

田　歌：我觉得非常真实，而且绝对不是说他清高，也绝对和他的社会地位无关，他就是这种品质的人。

吴秀波：我忘性贼大。

田　歌：搞创作的人魂不守舍是正常的，但会因此得罪人吗？

吴秀波：还好，因为我第一也不求人办什么事，都是自给自足那种工作；第二人家看长了也都说：“这人就那样，甭理他。”

田　歌：但是随着你社会地位的改变，你一天一天爆红，你再这样就会有人说你。

吴秀波：改不了了，就这么着吧。我觉得你好像也差不多。我喜欢你不是因为你精明，真的是因为你糊涂，所以我有时候看见你，觉得跟我姐差不多。

田　歌：其实这对于从事这种工作的人来说，应该是一种非常可贵的品质。

吴秀波：可能是一种自我保护，忘得快。

吴秀波在谈话节目现场

好演员就是动物园里的猴子

田　歌：吴秀波来上我的节目了，他的很多粉丝都特意从外地赶来参加，来之前还在贴吧里讨论住哪儿，住在这儿会离吴老师以前经常练功的公园比较近。我心说，这吴秀波把他影迷给激动成这样，他有没有内疚呀？

吴秀波：一开始真的有，我还跟贴吧的吧主说过："严禁18岁以下的到处乱跑。"说实话，我见到的"波蜜"都是女的，偶尔有个男的，是那个女的的老公。但是后来我真正理解一个艺人的意义的时候，我反而觉得很释然。什么叫作好的艺人？最好的艺人就是笼子里的猴子，你去动物园要看什么？你是要看那只猴子，如果猴子是别人装扮的，那你看它干吗呢？所以，你们来没问题，我一定要做那只笼子里的猴子，不说假话。

田　歌：所以这是一个好演员的品质，他看透了自己在这个社会上的属性。

吴秀波：大家这么喜欢我，我其实觉得特别羞愧，我觉得吴秀波本人不配，但吴秀波演的角色配。还有就是，礼物千万不要再越买越贵了，担不起，我觉得所谓"礼轻情意重"，这句话特别有意义。

田　歌：特别真挚，这就是演员和影迷之间必须建立的一种真挚的感情，只有这样你们才会更加真实地爱他。我老觉得，你的懦弱是表面的，你的谦虚也是表面的，你的不自信更是表面的。

吴秀波：我真的认真地想过这种问题，我每次到一个采访的场所，都会觉得心"怦怦怦怦"在跳。一个演员最忌讳的就是你心跳的节奏不准确、不稳定。比如说生活中情感表达的指数如果是从正十到负十之间的话，演戏时，在喊开始之前你一定要让自己保持在零的这条线上，就像一个守门员，他一定要站在球门最中间，这样他不管到哪边去都是最短的距离。所以当喊开始那一瞬间，你心跳的节奏一定要跟你平时在家里躺在床上，或者你在厨房的时候一模一样，这就是最好的演员，心境平和，略带愉悦。但是我每回到这种场合，都会特局促，我总觉得特像我小时候见过的一个场合，就是我妈妈带我去见她的同事，他们在看我好不好，他们可能要让我唱一首歌、朗诵一个诗，我会不知道该怎么做，也怕他们会失望，所以会很紧张。但是现在我心里有一种特强的东西，强到我自己都不相信，一旦压力过于巨大，或者面临崩溃的时候，我知道它在支撑着我，什么都不怕，死都不怕。

田　歌：你说你心中有一种东西，但是我觉得你心中长了一个动物，是什么？

吴秀波：人总是有动物属性的，别人说你像一只猫，像一只狼，像一只虎，或者像一只孔雀，我就在想，人用什么方法表露这些习性？有时候我看见那些上班的男士，黑色的西服，雪白的衬衫，硬挺的领带，拿着一个包，把自己打扮得像一只狼一样，他希望此时我是狼，我有团队精神，我会撕咬，会争夺。也有人把自己打扮得花枝招展，他可能希望此时自己是另外一种动物。有的时候他就喜欢把自己弄得遮头盖脸，他可能希望自己是一只猫，可以柔软，可以躲避严寒，可以逃跑。但是我内心里那个动物是什么，我真的不知道。

田　歌：我老觉得他内心还长了一只螃蟹，他心中还孕育着巨大的欲望正在蠢蠢欲动。你的影迷给你画了三幅漫画，宅男、名牌控、《黎明之前》里的形象。这是你留给影迷的那种感受，我不知道是不是准确，但是起码跟我的感觉简直是天差地别，你是不是容易给人带来误解的人？

吴秀波：我觉得人呀，听书看戏，其实找的不是别人，找的都是自己。戏都是假的，如果要在戏里找真理或者真人的话，那根本不可能。但是每个人为什么都爱看戏呢？其实每个人都想把自己的心绪，或者自己的看法搁在一个地方，真实情况下别人绝对不允许你搁，只有往戏里搁。所以每个人看戏所得到的东西是仁者见仁，智者见智的，那是一个共同的游戏场，大家从里边找各自的乐趣而已，我只是那个游戏里边的一个工具。

→

田　歌：这个社会要求的是尊重大多数人的感觉，而实际上我们每个人都希望自己的感受得到尊重，那么在戏里，在文学作品里，在艺术作品里，我们可以找到被尊重的那种感觉。

吴秀波：对，比如你喜欢一个角色，你身上肯定有跟那个角色共通的地方。比如说这个角色在看一个东西，他其实没有任何心态，没有任何表情，他这么静静地看着，如果你此时心情特高兴的话，你会觉得他在很愉悦地看着这个东西；如果你特别郁闷的话，你说他看这个东西很伤心；如果你特别生气的话，你会觉得他是不是要杀人。每个人对于一个固定事物的理解是不一样的，全是心所决定的，尤其看戏的时候，或者看一个明星，或者看一个娱乐人，他们的心态取决于观众心里要的是什么。

田　歌：你看娱乐人的时候是一种什么感觉？

吴秀波：我不大看戏，我自己的戏我也不看，看不了，没乐趣。因为比如说看一场戏，如果我觉得我演得不好，我就特恨我自己，特

【田歌谈艺录】人为什么要看戏、爱看戏？这是一个看似很普通很简单，但又很难三言两语说清楚的问题，但对演职人员却十分重要，如果不了解这一点，你怎么去演戏？怎么能演好戏？谈这个话题我们首先得了解戏剧是什么。用一句话概括，戏剧是一种“源于生活，高于生活”的东西，是一种为了满足人们审美需要的虚构创作。明代的徐渭说“世界原本缺陷，人心自古刁钻”，你演不出缺陷与刁钻就不是生活；你演不出完美与善良诚朴，那他就不看你的戏剧了。他们坐在那里要寻找的是欢乐与美，以此来对抗生活中的缺陷与痛苦。所以，他们虽然都知道那是演戏，但他们同样与这种种虚构同步律动，他们看着看着就有了欢乐，有了激动，有了眼泪，有了漫骂，甚至去抛砸电视画面，向演员掷物攻击。他们需要快感，一种可以自由宣泄的快感。这，就是视、听、感觉综合传达艺术的魔力所在。

纠结；如果演得特好，我就怕以后演不了那么好。所以看戏，尤其看我自己的戏，对我来讲一点点乐趣都没有。

田　歌：实际上他说了半天，就是他不想再看虚假的了。

吴秀波：对。我觉得不是喜不喜欢，我真的不在乎。

田　歌：所以他是活在自己世界里的人，现在他当然也活在这个世俗的生活状态当中。你是一个什么颜色的男人？如果我说你是灰色的，你愿意吗？

吴秀波：我觉得很准确。

田　歌：为什么？

吴秀波：我不觉得我干净。我觉得自己就是一个中间色，我喜欢晃来晃去，荡来荡去，我不喜欢固定在一个特定的色彩里，因为我觉得那样也不是快乐。

儿子的好“哥们儿”，女人的崇拜者

田　歌：你更愿意说你是一瓶酒呢，还是一本书？

吴秀波：如果让我选择的话，我接下来会选择酒。

田　歌：那你是一瓶烈酒，还是一杯醇厚的葡萄酒，还是一杯很花样、色彩丰富的鸡尾酒？

吴秀波：其实平常生活中谁都知道我滴酒不沾，但是如果你要逼着我喝，你就给我最烈的酒，我不喜欢那种所谓的回味，给我来个痛快的就行。

田　歌：就是不喜欢絮絮叨叨的是吧？我看见你身上挂的这个牌子上面写着“憨”，我觉得从你身上一点看不到憨的东西。

吴秀波：我儿子的名字。还有另外一个儿子的名字——“雨”。

田　歌：一个儿子叫憨，一个儿子叫雨，反差很大，代表你两种感觉吗？

吴秀波：我觉得名字是个缘分。小的时候我也找人算过，别人说：“你的名字不好，主题思想就叫竹篮打水一场空。你改改吧，你应该叫吴瀚，浩瀚的瀚。”这个名字听起来特别大气，有不遗憾的意思，浩瀚又特广博，又斩钉截铁的感觉，我特喜欢这名字。但是我舍不得用，我说万一以后我有孩子呢，这么好的名字给他吧，我这辈子已经这样了，然后就给了他。

我跟大家解释一下，为什么只知道我的大儿子，不知道我的二儿子。人生活在这个社会里不是你一个人，你有你的家人，你要挣钱养活你的家人。我刚开始工作的时候，大儿子出生，我要抚养这个家庭，我要做一个让人没有意见的演员，所以家人说：“等二儿子出生的时候你不要告诉别人你有二儿子，这样恐怕不好。”我说：“会怎么不好？”“可能对你工作不好，这样你就挣不了更多的钱，不能活得更好。”那我就不说。后来我爱人说：“你应该跟别人说你有二儿子。”我说：“为什么？”她说：“如果不说的话会不好。”“会怎么不好？”“会对小雨不好。”我觉得她说得都对，我随时要改我不好的东西。

田　歌：是，孩子是需要被爸爸承认的。你现在已经是爸爸了，你觉得从当爸爸那天开始，你才是个男人，还是当了爸爸以后，你理解了男人的意义？

吴秀波：我一直想着我什么时候能是男人。上小学的时候我觉得，到了初中就是男人了，然后到初中我就觉得到高中就是男人了，到了大学我就觉得工作就是男人了，后来以为有了女朋友就是男人了，后来以为结了婚就是男人了。结果最后我发现，其实在任何一个阶段，你都可以是男人。但到现在我终于明白，我不要做一个男人，我要做一个孩子。我觉得成人不好，软弱、兜圈子、虚伪，孩子诚实、直白、勇敢、善良。

田　歌：我觉得这话很真实，尽管他内心是这样的，可是这个社会还要求他必须有一个成熟的男人状态的和男人素质来面对这个社会。你觉得一个男人是早有孩子好还是晚有孩子好？

吴秀波：早有好。

田　歌：为什么？

吴秀波：很多父母妄图给孩子传授一些经验，我觉得人没有经验可谈，经验是会过时的，你的生命最长一百年，非常非常短，你的经验没有任何意义。而且，孩子的成长，每一个人的成长，其实就是获得经验的快乐，如果你连经验都传给他了，那以后他还活什么？所以我觉得早有孩子以后，他可以跟你共同体会成长的快乐。我不知道别人，我到现在为止都不认为我比我的儿子聪明多少，我老觉得他们特老谋深算，明明知道还问我。

【田歌谈艺录】父母、孩子、夫妻、遗憾、后悔、弥补，并为此而不管愿意不愿意都必须支付的种种生存努力，真的是让人很伤感的。也许正为此吧，生活才会更有味道。为了一种责任，为了让身边的人、让你爱的人快乐、幸福，你就必须义无反顾的去牺牲掉自己的许多快乐，仿佛唯有如此，才能寻找到自己的幸福。我想，这就是一个男人吧！这就是父母吧！这也许正是人总称高贵之处。

←

田　歌：那你想在你孩子的心目中，留下一个什么父亲形象？

吴秀波：我不善于言表，我跟我儿子打电话会很短，最重要的两个口头语，一个是我爱你，一个是再见。公司人还问我："吴老师，你会跟你儿子说我爱你？"我第一次说也很别扭的，会害羞，但是说完了以后我觉得没有比这三个字更有用的了，所有的话就这一个意思。所以每次只要说完这三个字，舒服极了，太幸福了。我儿子都是我最好的朋友，我躺在床上看着电视发呆的时候，哥俩就躺在我边上，我管他们都叫哥："怎么着憨哥，雨哥，还不睡呀？"我觉得我们不需要太多的言语沟通，我想他们也绝不会问我："爸爸你想啥呢？"

田　歌：早就知道了？

吴秀波：他们应该是不在乎，就像我小时候不在乎一样。所以我要写歌，我要拍戏，我要做所有能留下来的事情，把这些东西留给他们。因为我想弥补我的后悔，我一直特后悔我没有问我爸爸："你是怎么样一个人？你想干吗？你到底怎么样？碰到这种事你会怎么样？"我特遗憾。所以我不停地用这种东西记录我自己。他们大了见不到我的时候，他们可能会想，我爸爸这时候会怎么样？至少我能留下一些东西让他们看一看，不是正面教材也是反面教材。

田　歌：好像你对你妻子的话是言听计从？

吴秀波：因为我觉得，我在生活中欠缺条理，我以为我的脑子从来没落在地上，所以我需要我的双脚牢牢地站在地上。

田　歌：你的另一半能够帮助你更实在地活在这个世界上？

吴秀波：对，非常重要。其实我是一个地地道道的女权主义者，我一直觉得雌性动物比雄性动物更具智慧，对世界更有意义。所以，我对她们存在着天生的恐惧感，我怕女人。

田　歌：因为他稍不注意就会让女人爱上他。

吴秀波：这事挺麻烦的。

田　歌：但是如果没有这些爱慕的眼光，他还活不下去呢。

吴秀波：我认真想想——我可以。

田　歌：这么短，是一个不负责的思想。我觉得你在爱情的这个海洋里，一定是个游泳健儿吧？

吴秀波：游过，奋力地游过，终于上岸了——想问啥？

田　歌：就是你伤别人的时候多，还是你受伤的时候多？

吴秀波：我觉得这件事就是杀敌一万，自损八千的事。谁都不想伤人，谁都想碰见一个就百年好合。我这方面真的是没有天赋，也没想明白。谈恋爱不像演戏，这戏我没演好，我再演另外一个。恋爱谈了，也许成家了，也许没成家，也许有孩子了，也许没孩子，也许什么都没有，但一定有时间，时间意味着两个人的生命，两个人共同度过的这段生命里究竟留下了什么？我希望不是怨恨，也不是悲伤。以前我谈恋爱的时候总觉得自己是个罪人，突然有一天人家告诉我："上帝说过一句话，20岁以前犯的罪都不算罪。"我说："你确定是20岁吗？他没说30岁吗？"所有的事情都可以原谅。我觉得如果她们不原谅我，是她们的不对；如果我不原谅她们，是我的不对。

田　歌：可是我觉得男人在爱情这个问题上，一生都会犯错误的。

吴秀波：说得太对了。

田　歌：因为男人在这个问题上太脆弱了，他无法战胜自己，是属性决定的。

吴秀波：对，是动物属性决定的。

田　歌：所以，所有被爱情伤害的女人们，你们就原谅这些动物属性吧。你现在懂爱情了吗？

吴秀波：我很感激，感激在生命的每一个阶段，那种让你特迷恋的情感，可以让你忽略你的无能，忽略你的没有价值。我前一阵刚刚看到一个国外的作家临去世前写的一段话，他说："马上就快死了，我想去看看以前的那些人，这个想法在脑子里越积越紧，越积越深，就越不敢去了，因为看了有什么用呢？"说得真好。

→

【田歌谈艺录】雌鸟在巢里孵育儿女，雄鸟在外面打食儿；母狼在洞穴里守护着小狼，公狼在漫山遍野地狩猎。女人希望有一个温暖的固定的巢，就很满足了；男人却想拥有整个世界。这也许是鸟兽动物性本能的基因在男女的血脉中顽强的遗传吧。所以美国的史学家威尔·杜兰说"让文化进步到离兽性太远是极为危险的"。理解，一种双向的理解，真的比什么都重要，无论是在夫妻之间，还是在同事、朋友之间。

演艺圈里骗子太多

田　歌：假如你是一本书的话，你肯定是故事多于别人的男主人翁。但是有的人的故事是不可告人的，你有不可告人的故事吗？

吴秀波：当然有，很多。其实不告诉别人不是因为故事罪恶，是因为那是属于我独有的，我不想跟别人分享。

田　歌：你觉得一个好男人应该具备什么样的素质？

吴秀波：诚实，有责任感。

田　歌：你是觉得大部分男人都没做到吗？

吴秀波：我明白了这个道理以后花了好多年才做到。有的时候说谎话会很省事，随口就说了，可能会给你带来特别好的、特别简单的结果，还不那么累。但是你是希望我一辈子骗你，把你骗得很舒服，还是希望让你看清？我想我会选择看清。所以，我选择诚实，你可以选择喜欢我，不喜欢我，甚至讨厌我，但我一定选择诚实。

田　歌：我要问一个庸俗的问题，你最喜欢哪个角色？

吴秀波：我是真心真意地说，一个演员呀，演戏真的分不清是不是喜欢哪个角色。我可以真诚地告诉大家，我体会到的三个演戏的状态，以后可能还会有更多的状态。

我在最初的阶段里体会到的是一个表现状态，其实这种表现状态在孩子的时期就有，就是我想上台演节目，我要在大人面前变得乖，我要在同学面前逞英雄，那个时期的戏我总是想表现我自己。当那个状态过去以后，我开始进入了我的愤青时代，我渴望一种表达的状态，就是我说出来的话一定要让对方懂，他懂了我才有快乐，我才能把我心里想说的说出来。那个时候我会特别真心真意地、掏心掏肺地去表演，然后把我所有对生活的感悟、所有的感受，统统表达出来。当我演了五六千场戏的时候，我突然觉得我特别不喜欢这份工作了，你不停地在表达，你能表达的都表达完了，真的不知道再说什么了。我那时候就不想演戏，那是我噩梦一样的坎儿。当你无数次标榜过这是你最喜欢的职业，你的家人知道没有这个职业你将丧失生存能力，你不能抚养家人的时候，突然间你对这个职业没兴趣了，你就会觉得，我怎么干下去？我要不要当一个骗子？其实这个行业里好多的骗子，碰见一个真演员的概率，跟碰见一个能算出真命的人的概率差不多。

田　歌：对，滥竽充数是大多数。

吴秀波在谈话节目现场

吴秀波：那个时候特挣扎。我花了两年的时间重新找自己的状态，重新找着一种心态，我要重新喜欢这个行业，喜欢这件事。我现在找到状态的是“感受”，你们是演戏的，我是来看戏的，所以我现在很快乐。你不是不愿意在这儿站了吗？没关系，把这个身体留在这儿，把心搁到那儿去，爽死。所以整出戏我都在看戏，我都在感受。

【田歌谈艺录】一名教授拿着他的讲义，讲来讲去，总有一天会感到很没有意义；一个哲学家成天在简单重复着什么是生命的意义，他一定会觉得很枯燥；所有的职业，到了一定的程度、一定的周期，便都会遇到一种“墙”，就是吴秀波所说的那种“坎儿”。这个“墙”你如果能够打破，就是柳暗花明又一村，如果不能突破，但还要继续去简单地重复，那就是一种生命的浪费。任何一种职业都需要有突破与创新在前面引导，它才会有成长的高度，演艺业也概莫能外。而凡能找到“骗子”感觉的人，至少有一种强烈的职业良知，他一定会去寻找这种突破与创新。如果是麻木，那就很可悲了，甚至是他演艺事业终结的前兆。

←

田　歌：这种境界真可怕，这一定跟你在学校老师教的不一样。

吴秀波：双手互搏。

田　歌：这样会帮助你塑造人物是吗？

吴秀波：这样会让我还能够真实地生活在戏里，还能够砸碎我的骨头卖我的血，还能够不做那个骗子，我还能够不愧对谁。

田　歌：我记得有这么一句话：“一个人自己的事业正好是自己的热爱，那才是幸福的。”如果按照这个标准，你是一个不幸福的人。

吴秀波：对，但我又觉得我非常幸福，我生活美满，工作收入等同于我付出的价值，我没有仇人，睡得着觉，问心无愧。千万别变。

田　歌：吴秀波还是一个很清醒的人，他的内心可以属于自己，但是他的职业要求他要属于更多的人，这样他才越成功，才会有更多的机会去挣钱，去养孩子，去保护他这个家。所以他是清醒而又矛盾的。

吴秀波：其实总会碰到人说吴秀波你现在红了，怎么样怎么样。我说红了吗？我又不是螃蟹。每个人都有喜欢他的人，你把他放得低一点，喜欢的人就少一些，你把他放得高一点，喜欢他的人就多，再放得高点，喜欢的人更多一些。这个位置我自己左右不了。

田　歌：吴秀波真的特别帅，又特别真实，他到了自己那种状态他就舒服，但是正常人看了都不正常。当演员的，你的思维、你的感受、你的视觉，就不能太正常，尤其是好演员。

吴秀波：某某人说过一句话，好演员在台上要脸就是不要脸，准确。

田　歌：演员在台上要脸就是不要脸，就是你有太多的杂念，太照顾自己的面子，你就不是个好演员，不是个好演员就是不要脸。

吴秀波：说得对，如果不是个好演员还在那儿骗钱的话，一定是不要脸。

等待破坏自己形象的那一天

田　歌：吴秀波的很多角色给我的感受都是沉着冷静的，这是你拥有的品质吗？

吴秀波：我冷静吗？还行。但是我要自检一下，我内心其实特别快乐，但是有一次有记者拍我一段东西做宣传，我跟人家聊完之后，她说："怎么听你聊完了我特别不开心，想哭呀？"我就想不明白："为什么呀？我没有这个意思呀！”还有人说我：“秀波，你为什么老是不高兴？”我说：“我没不高兴呀。”“但是你看着不高兴。”所以，我尽量地改一改，我哪怕能做到让你们看着高兴，我都觉得这是一种德行。

田　歌：尽管本性难移，但是态度是好的。

吴秀波：我不是一个天生的演员，上过表演课的人就知道，天性解放得最开的人才是好演员，能够做到真心真感觉的，能够进入角色躯壳的才是一个好演员。但是我真的不是一个天生能够解放天性的人，我能做到今天这一步，历经了无数的折磨。说句苦大仇深的话——这话一般真的不爱说——我演戏演得自己洗澡时不停地哭，不是因为别的，我曾经说过我有一千万个障碍在那儿，而这一千万个障碍全源于我的生活、生命和我所在的周边环境，我无法改变它。所以我要克服这一千万个障碍，我要费好大的力气，才能换这碗饭吃。所以但凡有一个不用解放天性就能够让我表达天性的工作，我一定不当演员，打死都不当。

【田歌谈艺录】纯粹的好人又要做好演员，就要具有圣人的心态。什么是圣人？西方的大哲学家托马斯·曼给圣人下的定义就是“所愿的都未做，不愿的都做了”。什么叫“生存努力”？无非就是不断的去克服、打破生存之路上的种种障碍，其中包括自我的心理感受。

←

田　歌：我记得我看过一本书说，好的男演员呀，当他迎面走来的时候，他就会给你带来一种不安全感和破坏感。你心目中好的男演员的标准是什么？

吴秀波：达斯汀·霍夫曼，他走过来不会给你带来任何的波澜，但是他所塑造的每一个角色，你几乎看不到上一个角色的影子，那是我毕生的追求。

田　歌：对，达斯汀·霍夫曼绝对是一个千面演员。但是下面我的话就不太客气了，不管你塑造了多少个职业不同的人物，多少个让女观众神魂颠倒的角色，但是无一例外你的大鬓角都没被消灭掉，为什么？

吴秀波：消过，可能你没看到。

田　歌：我只是在看你一个访谈的时候，这两边剃成青的了，我当时觉得真好，他也有破坏自己的时候。

吴秀波：对，就是《追捕》。其实在《追捕》之前，我还有一个更有愿望破坏自己的角色，但是没得逞，就是《老马家的幸福往事》里那个杀猪的爸爸。我跟马中骏要求了无数次，他不让我演，最后让林永健演，他说："林永健比你像得多。"我说："我一定能比他像。"他说："你怎么像？"我说："我会把我的眉毛剃掉，我会把我的头发刮掉，我会让自己再胖十五到二十斤。"他打死都不让我演，他说："不行，你给我演一个帅的。"其实一个人能帅几年？当然好看点好，没什么亏吃；但一个真正的演员应该明白，当你特真实的时候，一定是你最帅的时候，好多特虚伪的帅哥，我看着都特寒碜。

田　歌：道出了演员这个职业的被动性。其实好演员要诞生于导演有破坏性的眼光，否则，演员某种程度上来说是悲哀的。

吴秀波：对，我特别嫉妒达斯汀·霍夫曼，但我相信，我一定有一天能做到那样。我现在可以说我能做到"不要脸"，有一天这张脸会老，老到所有人不喜欢，我没有这张脸的时候，我一定是比现在更好的演员。

陈数

首席『海派青衣』的美是谁给的

田歌印象

陈数身上有一种“气场”十足的女人味，虽然她给人的感觉很淑女，很妩媚。

从《暗算》里天才热情的数学家黄依依，到《新上海滩》里风情万种又专一的交际花方艳芸，再到《倾城之恋》里弱不禁风的小姐白流苏，陈数一路走来，塑造了多个难以复制的荧屏形象，这些角色的成功演绎，无疑奠定了她“海派青衣”首把交椅的位置。但当她褪下旗袍，卸下发饰时，我却发现那种从骨子里透出来的，不仅是吸引，更多多少少是一种霸气、一种气场。所以我们在荧屏上看到了豪情仗义的铁梨花，刚硬中留存几分柔媚，粗犷中带着几分坚韧。

喜欢陈数的观众不分男女老少，皆因她身上独有的女性之美。我曾好奇她的美是与生俱来的还是后天形成的，她用一句老话来解释：“一个女人的美丽，30岁以前是父母给的，30岁以后就是自己修炼。”

美是一种修炼

田歌：一个女演员有人喜欢很正常，但是能让男女老少都喜欢，就不容易了，而且大家还异口同声地说："我喜欢她身上的女人味。"

陈数：大家不觉得我演铁梨花很男人婆吗？

田歌：那也有挡不住的女人味。所以我很想问陈数，你这个女人味是与生俱来的呢，还是后来学舞蹈，或者自己有意地去追求形成的呢？

陈数：有一句老话说得好："一个女人的美丽，30岁以前是父母给的，30岁以后就是自己修炼。"对于我来讲，其实我是在接近30岁这个年龄的时候，才开始被更多人知道，更多人认可我的作品，所以我想应该是我成年之后，慢慢自己形成或者说学习积累得来的。其实我小时候特别男孩子脾气，比方说小时候看《排球女将》，我也会挂一个排球在树上去打，比方说小时候会跟小朋友们，特别是跟男孩儿去爬树。反正我小时候一点都不淑女，包括我在东方歌舞团工作的时候、九十年代初认识的朋友们，隔七八年再见到我，都说我的变化非常的大。

田歌：是吗？

陈数：主要是交流的话题不同了。

田歌：觉得你内涵变了？

陈数：觉得可以开始跟我聊天了，以前觉得我只是一个小姑娘，大家聊得不是很深，现在能够像朋友一样聊一些话题了。

→

田歌：有的时候我老觉得一个人，尤其是一个女人，她小时候的生活环境，会影响她一生的内心气质，当然小的时候可能自己是无意识的，长大了你自己也在努力地想找一种你喜欢的气质。一个女人一生分很多阶段，你觉得女人在每个阶段应该怎么追求自己的气质和内涵？

陈数：其实我觉得每一个人自己心里都会有一种美的喜好，就像有的人可能就喜欢去扭秧歌，有人可能会喜欢听听古典音乐什么的，有的人可能会喜欢画画，甭管是画国画还是油画。我倒不是说哪一种就一定好或者不好，无论你喜欢什么，去学习，去发扬光大，它一定都会对你个人的气质形成特别大的帮助。我小时候在歌舞团大院里头，妈妈是钢琴和长笛专业，爸爸是搞舞蹈的，在这样的熏陶中长大，可能对于我一些审美或者喜好的形成有帮助和培养。刚刚开始对舞蹈产生兴趣的时候，我最喜欢的是芭蕾， 所以虽然后来我在舞蹈学院学的是民俗舞专业，但是我分最好的课程是芭蕾课。后来有一次我拍一个戏，跳了一段舞，当时那个导演还说："你小

【田歌谈艺录】女人的美，是造物主给这世界高悬的一道彩虹；男人的阳刚，是天地为人类族群灌注的一种气概。无论女人的柔美，男人的阳刚，都不是用修饰所能得到的，而是一种内心修为的外在传达。没有人品、实力功底的支撑，你就没有外在的气场、魅力，就没有能打动人的气质，长得越美的便越俗，生得越魁梧的便越傻，你试着去观察一下。一个演员讲德艺双馨，就是人品、实力的双重修炼。

时候芭蕾课一定很好。”我说：“你怎么知道？我现在跳的可是一段民间舞。”他说：“你跳民间舞的那种舒展感一看就是芭蕾训练过的，跟纯粹的民间舞专业的孩子不太一样。”所以如果今天再来回顾我身上的一些特点和特质的话，小时候的积累对于我今天的成长一定是有很大的帮助。

田歌：对，说得再直白点，我觉得女孩小时候学学舞蹈，绝对没坏处，对她一生的气质都会有好处。

陈数：一方面是对自己身体的舒展的训练、美感的训练，另外我想其实它还在树立你的审美观，它会教你欣赏什么是美的，这是最重要的。

从硬件到软件都要贴近角色

田歌：陈数是湖北女人，实际上是在北京成长和发展的，但是因为演了《倾城之恋》的白流苏和《新上海滩》的方艳芸，人们就把你定为是上海女人的代表。你觉得上海女人、湖北女人、北京女人各有什么不同和共同？

陈数：其实如何来剖析湖北女人，是我最不仔细的地方，因为我实在在那个区域生活的时间太短，而且是在非常年幼的时候，所以我一直觉得如果一定要给我定义一个城市是我的归属的话，那一定是北京。说到上海，其实真的是我没有想到的一个机缘。我还在中戏上学的时候，就已经有人跟我说：“你很像我们上海人。”甚至我去坐出租车，在车上打电话说我回北京怎么怎么着，然后那个司机跟我说：“原来你不是我们上海人。”我说：“我那么像上海人吗？”也是当年这样一个小小的记忆，让我后来对扮演海派文化的角色产生了一些自信，可能我有一些硬件比较符合这些角色。

田歌：你觉得你哪些硬件更像上海女人？

陈数：演员演戏其实是无可奈何的、有局限性的，你必须要依靠自身的外在条件来演，比方说如果要找一个真正意义年长的阿姨这样的角色，他不会首选到我，因为我还不够年长；或者要找一个大胖子，而我不够那么胖，那我也不被考虑在其中。这就是戏剧特别有趣的一个形态。我觉得很多人对上海女孩子的印象，可能就觉得比较精致，也许我这一点符合大家想象中海派女子的样子。其实你说真正上海女人应该长成你这样还是我这样？都不一定，她其实就是一种感觉，一种质感的传递。所以既然大家已经觉得我的外在形态上是可以接受或者相信的，那剩下就是我要找一个适合我的，我也能够完成的角色，我来怎么表演这个角色的故事。

→

田歌：我们都没有看过你生活当中，更多的都是看你演的那些年代戏，所以如果那个出租司机说你像上海女人，肯定是你的那种美就是上海女人那种精致美。

陈数：其实我觉得精致或者说美，往往是从两个层面说的，一个是我说的硬件层面，大概有一个什么样子或者形态；另外一方面我觉

【田歌谈艺录】演员的天职是表现角色、表现内容，而不是表现自我，所以必须有生活。生活是一种经历，你不可能经历每一个角色的生活，但书本上会有历史人物的记录，现实生活中有形形色色的角色原型，而且无论古今中外的人性都有许多的共性，永远不变的人性。掌握了这些你就可以顺利进入角色了。

得还是来自于一个举止的习惯。北京有很多女孩子也很精致，也很漂亮，但是可能她一说话，那个神情那个劲儿一出来，就是北京女孩儿。这个其实是很重要的一个元素，我们很容易找到一个演员，他来演某一个角色，大家一看样子，像，但是他自己的性格，或者表演风格未必适合这个角色，那就是刚才我说的第二层面，就是你里面的东西到底对不对。一个演员塑造角色塑造得好，应该是这两者都具备。

田歌：对，有的人可能看上去是很粗犷的，但是性格很细腻；有的人很精致，但是言行很洒脱甚至有些粗糙。我个人理解，上海女人从言行到着装都是精致美，而北京女人就是洒脱美、潇洒美。

陈数：个性感更强。

田歌：陈数在荧幕上塑造的那些角色，都是远离我们今天的，都是有些传统，或者有些经典的女性形象。

陈数：其实我也演过当代都市题材的作品，但可能的确没有那么被大家所熟知。

田歌：不像铁梨花，不像白流苏，不像黄依依。

陈数：对，以这三个角色为代表的话，的确是离我们的生活有相当的距离，特别是铁梨花这样一个人物，更是传奇的，她不像是一个有可能真实存在的人。其实我一直觉得我从事的工作是一个有趣的工作，因为以我自己一个人的生命成长，我永远无法经历这么多生动丰富的人物的命运，所以特别是刚刚做这一行的时候，我经常会从我演过的那些角色当中去反省，我应该从她的故事和生命当中获得什么，或者避免什么。慢慢我成长了，在我的工作上、生活上也有了自己的一些经历，我就开始不仅仅只是学习她的故事了，我在想我能够赋予这个角色什么新的东西。我一直希望在我所有的女性角色里，力所能及地传递出一些我所推崇的价值观。其实如果观众们比较全面地看过我的作品，角色都有一个特别重要的共同点，就是她们身上有不同层面的女人主义，她们对自己的命运都有非常强烈的、尽可能去做的把握感，我觉得这一点其实是这个时代所赋予我的一种思想，也正因为我生在这个时代，我从事这样一个行业，给了我一个机会，让我能够在我的作品当中，去给予这些女性角色们属于我陈数身上的思考和我推崇的价值观。

田歌：之所以你的这些角色都被人们接受了，是因为她们全部是善良的、生动的、可爱的，当然也不乏亲切。我觉得这些角色跨越特别大，所以你怎么用内心的东西，用你的软件去靠近这些人物?

陈数：每一个角色就像妈妈和孩子的关系，因为你的确是付出了很多的心血，你要给予她生命力，所以每一个角色，我都觉得我是因为喜欢才会去选择。

抛开我是演这些角色的陈数，我最喜欢的角色是黄依依，那的确也是一个可遇而不可求的一个机缘，而且可以说那样一个角色的设置，在中国电视剧史上都是非常与众不同的。小说当中的黄依依跟我们剧本呈现的其实很不一样，在小说当中，黄依依其实真的是放荡不羁的女子，而这种东西如果一旦从影视作品上呈现，有些时候反而很容易滋生出一些让人讨厌的部分。而导演和我们电视剧的编剧，并不想让黄依依变成这样的一个结果，所以在拍摄的细节当中，我只是在某些尺度上给了导演一些个别的建议和我的想法，很开心他都接受了。

《新上海滩》的方艳芸是一个典型的陈白露式的人物，所有人一说到交际花，好像都是那样的。但是我一直觉得，所谓交际花，她是要混迹于上流社会的女子，那个时候的上海是国际大都市，有很多外国人，有很多受过外国教育、留洋归来的中国人，所以如果你只是一个看似长得漂亮，但是举止作派非常的不高级、不讲究，甚至很低俗的女人，那我想你一定不可以被称为交际花。所以当时演这个角色，我真的没有刻意地去找一些所谓妖娆的形态，反而是很稳重的，很端庄的。但是她的妩媚、她的风情是有展现的时候，那你就要看看这个度该怎么把握。其实有时候想想，这个度就是上海女子给大家的一种魅力的回味感，就是分寸感，这个分寸感不对了，她就不是这个人物了。

田歌：这个角色难就难在《上海滩》里所有的角色都是大家知道的，而这个角色是新添加进去的。

陈数：对，原来的版本她的戏很少。

田歌：对，如果没有拿捏好，就觉得更多余，更让人烦。可是陈数的表演完全没有这个问题，而且让人觉得这个人物美丽妩媚而又善良，还善解人意。白流苏有点小心计。

陈数：白流苏我觉得是我生命中的机缘。当时电视剧版的剧本，只有一半的篇幅是属于小说当中的，前一半完全是邹静之老师根据原小说的一些素材扩充出来的，那对于我来说可以参考的东西其实是非常非常少，你怎么能够不丢掉小说当中那些韵味，其实挺难的。有时候一些外部表演其实是能够帮到演员的，就比方说《铁梨花》当中，我站在悬崖上，甩开斗篷，让我自己像那个英雄气节的人。但是白流苏她没有这些，她更多的是不动声色中的一种小神情，如果你心里没有，如果你自己不够自信，就不知道该怎么演，特别是它还是一个长篇的电视剧，如果要始终保持这样一个基调，我心里这根弦是永远不能松的，因为它太弱小了，太轻微了。

田歌：陈数在讲话的时候，我觉得她很可爱。她作为演员的时候，完全陶醉在自己创作的幸福之中，所以那个时候，她是可爱而幸福的，在讲到自己演得不错的时候，也毫不谦虚，毫不含糊，是吧？

陈数：你们也认同嘛，这个很重要。

田歌：是，我觉得一个女人的可爱就在于，她应该是真实的。虽然她是一个很理性的人，但是实际上她的感性也是压抑不住的。

陈数：我一直觉得一个伟大的演员，一个成熟的好演员，一定是一个理性和感性的融合体。

田歌：她的感性是天然的，理性是后天努力培养和追求的。

陈数：其实面对一些角色，特别是那些角色真的和你有一些距离，你又想以很好的、准确的状态去表达她的话，一定是需要一些理性的剖析的。

爱情不会永远，但爱会永远

田歌：陈数扮演的每一个角色，都有着百转千回的爱情故事，所以给大家的印象就格外地深。在现实当中，有的人把爱情比作是一杯酒，有的人比作是一杯茶，有的人比作是一杯咖啡，你把爱情比作什么呢？

陈数：我比较小的时候，大家就说我像老艺术家，觉得我的很多想法比较老，不够娱乐。我二十出头的时候，我发现我理想中的爱情，就像现在有人说的："不以结婚为目的的谈恋爱，就是耍流氓。"虽然我没有那么极端，但是我也觉得谈恋爱的目的是两个人想永远地在一起，绝不是有感觉就可以，没感觉就再见，我觉得那个好像太不慎重，而且太随意了。我一直觉得爱是件特别认真的事，你怎么就能够把自己的情感、把自己的信任都交给一个没有血缘关系的、以前你都不认识不知道的一个人，然后他也如此地信任你，你也要对得起他交给你的这份信任，真诚地跟他交往。

田歌：我觉得你这个态度跟黄依依很接近，别看她敢爱敢恨，很直接，但实际上她把爱情看得像命一样。

陈数：我觉得你说得是对的，我也是想这么说。

陈数在谈话节目现场

田歌：因为我们两个都老了。

陈数：绝不是老，我觉得这证明我们对爱很认真。不能说有的人对爱不认真，至少不够认真。

田歌：你对你未来的爱情生活有具体的保鲜方法和酿造方法吗？

陈数：我不相信爱情会永远，我相信爱会永远。在我和赵老师——赵胤胤同志的相处当中，我们俩都非常明确这一点，因为我们都知道爱情的浪漫以及让人激荡的时间真的是有限的，如果我们希望它一辈子都是这样，那我们很难和一个人携手一辈子。但是我想除了因为爱情我们俩相遇之外，我们都希望找到能够携手爱的另一半，所以这是我们的理想。

→

田歌：为什么要喊他赵老师呢？

陈数：因为他在很多方面都是我的老师，他是美食家、美酒鉴赏家，也是钟表方面的鉴赏家，他高尔夫打得很好，他对于建筑、美术还有其他相关的一些艺术的综合知识的积累非常丰富，也给了我很多的指导。

田歌：你折服于他，是因为他的一个个行当的“家”呢，还是一见钟情的？

【田歌谈艺录】爱人间的美，是靠纪伯伦的“第一眼”发现的，但同样是建立在你以往对所向往的美的认同基础之上的。而真正的爱则要在共同交往、生活中来建立、来发展、来巩固定型。情是流动的水，爱是不动的山，能够永远的山水相依才是最美的画卷。而一般大众是不太相信演艺人员中有“山”的，因为这些人的变数太大，不能怪大众的误读，而自己真该把爱情、婚姻、家庭当回事才行。

陈数：我们俩有一点一见钟情的意味，尽管我始终不承认。不可否认第一次见到他，还是满被他吸引的。首先他是我喜欢的那种形态，我从小就喜欢戴眼镜的男生，但是没有交往过戴眼镜的男朋友，他是第一个；我很喜欢男生穿衬衣，他那天见到我的时候，穿了一件衬衣。

田歌：如果那天他穿了夹克，这个事就完了是吗？

陈数：那倒未必。其实对于一个人的好感一定是个整体的分，我不太相信只有一个单项他就足以让你神魂颠倒，我觉得我好像不会那么不理智。我喜欢跟人握手的时候感觉到握的力量的坦荡和自信，喜欢对方跟你说话的时候很轻松自然地用眼神看着你，这些都是增加对他的好感分的项目。当然发现跟他还比较聊得来，有一些话题，觉得能聊得下去还满好的。

田歌：我希望你的这种状态能够一直延续下去，这样真的会很幸福。

陈数：应该说他还是一个我很欣赏的人，我觉得两个人在一起交往，发自内心地欣赏对方很重要，能够经得起时间的考验，当然我们自己也要努力进步，哪怕每天只进步一点点，我相信一定会让对方也学会欣赏你。

田歌：你是会为爱情、婚姻放弃事业的女人吗？

陈数：我相信我爱的那个人，他如果懂得欣赏我的话，他不会要求我因为家庭生活而必须放弃事业，这一点我比较自信。至于需不需要在特定的一个时间段里工作减产或者怎么样，那是一个特殊时期的一种选择，但是我想没必要不工作吧。

田歌：你有没有听说过婚姻是爱情的坟墓？

陈数：我知道，两个人相处的确不容易，这是一个事实。特别是你既然选择了一个伴侣，你要跟他好好地、愉快地、长期地相处，一定是件不容易的事情。这个也是我要学习的部分，因为它可能跟你做到什么程度、金钱赚到什么程度毫无关系，完全是另外一个需要学习和亲历亲为的过程。好在我一开始对于这方面的事情不抱有幻想，我觉得我一直是抱着脚踏实地的想法，这是我必经的一个过程，那我就很认真地、很努力地学习去度过，希望我能够做好，因为没有懒可以偷的，也没有捷径可以走。

田歌：我有一个问题，不知道我的消息是不是准确，也不知道我该不该问。赵老师是有过孩子的吗？

陈数：对，他有个孩子。

田歌：你有当后妈的准备吗？

陈数：我肯定不知道该怎么去当后妈，就和我不知道跟一个我爱的人如何相处是一样一样的，但我相信你真诚地去对待一个新朋友，他也一定会那样对待我，孩子也是一样的。

田歌：心态当然很重要，但是现实真的是无情的，通过生活中的许多细节我发现，一个女人总是希望得到这个男人全部的爱，可是当他有了一个孩子的时候，他真的不可能把全部的爱给你。你有这个准备吗？

陈数：有啊，比方说如果赵老师的孩子不在北京，只有我们两个的话，我们可以很随心所欲地选择去哪儿吃饭，或者去看看电影；但是如果他孩子在北京，周末了，放学了，你就要去陪他。其实有时候在想，两个人在一起生活，或者决定在一起生活，本身就是一个生活方式的改变，当我一个人单身的时候，我今天想干什么就干什么，想几点钟睡就几点钟睡，想看电影就看电影，想吃哪个餐厅就选择去吃哪个餐厅。但是两个人的时候，就多了一个协商，再多一个小朋友，那就变成三方面协商的问题，这是我不可能改变的，因为我的终极目标是希望跟大家融合地在一起，并不是要我的个性。如果大家都能感受到，那我相信他们也会来配合我、支持我。

成长让女人越来越美

田歌：我觉得你所扮演的这些角色，都有一个共同点，就是都有清高的气质，包括铁梨花，她都有属于她自己非常独特的内在的清高。这个清高是你陈数赋予她们的，还是本来剧本就提供的？

陈数：这是很难回答的问题，我扮演的每一个角色，我不希望只是完成剧本当中所写的发生了什么、干了什么、她是性格好还是性格坏、最后怎么样，我觉得这样好像少了一些人的味道，她其实有很多除了事件之外的东西。你说到底是我赋予了角色清高，还是角色本身就是清高，不可否认的是，每一个演员一定会把自身的一些特质或者思想带入属于他的那个角色当中去，当然前提是要准确，不能这个角色完全不可以有一点点这样气质，你还要把这样的东西带进去，那就属于表演不准确了。

说到“清高”，这个词很容易被大家偏向到贬义那方面，总觉得会有一些拒人于千里之外的感觉。从小到大，特别是我上中戏以前，我的确会被同学们或者身边的一些不熟悉我的人评价为类似于“清高”这样的词，其实我特别委屈。不可否认，我们身边也能见到各式各样性格的人，有的人可能无比开朗，无比甜蜜，也有像我这种，大家一定会觉得我清高，而她无比亲切。可是我不能因为害怕别人说我清高，我就要变成另外的样子。其实我觉得一个女人是应该有些清高的，但是一定不能缺乏善良。一个女人如果你清高中还透着善良，优雅中透着纯朴和自然，那我就觉得你是一个可爱的好女人，甚至是可敬的，所以千万别怕别人说你清高。

另外我想说，假如一定要说我可能获得了无论是男性观众还是女性观众，或者是年长一些的观众，或者年轻一些的观众同时对我的认可和喜爱的话，我想其实是因为我也在我的角色当中传递了另外一个信息，就是亲切和温暖。我不知道是不是做到了，你们认可吗？

观众：认可！

陈数：谢谢，谢谢！我一定不能自吹自擂，如果做不到的话，你们一定要告诉我，我一定要再去改正。

田歌：你觉得你塑造的那些女性形象和现代生活中我们身边的女性最大的不同是什么？或者你觉得今天的女性身上最缺乏什么？

陈数：整体来说现在女性是很幸福的，因为大部分的年代戏女性的确是没什么地位，要听从老公，听从家里的，属于自己的主动权很少，当然因此才有了戏剧性。今天的女性其实多了更多的自由，我们可以谈论这些话题，我们可以穿着自己想穿的衣服，我们可以选择早婚或者晚婚，我们可以选择更多自己想去追求的东西。但是演了很多年代戏之后，我挺尊敬那个时代的女性的，因为不可否认，那个时代的女性，她们对于中国传统文化的教育，的确比我们更加深邃，而且对于社会、对于家庭的一种责任感，她们似乎比我们做得更加完整和成熟，我想这个其实是我们这个时代，特别是年轻的女孩子们应该学习和思考的部分。

【田歌谈艺录】萧红说“女性的天空是低矮的”，其实要分时代。秦岚说“我觉得做女人挺幸福的，因为许多美好的我们都可以拥有”。陈数也说“整体来说现在女性是很幸福的”。幸福有时是需要在对比中才能体悟到，因为她们两个都演过旧女性，而且他们深知那个时代女性的弱势，而且发现了她们身上那些珍贵的东西，所以对角色有了一种尊重，那么角色也就好演了。

→

田歌：我觉得陈数既有冲动和很单纯的一面，但是对于一些问题还是有很成熟的心态。一个人的成长不在于你年龄的递增，而是心态的成长，这一点特重要。今天我觉得你还是挺接地气的。

陈数：因为我很小的时候就一个人到北京来读书，所以很多事情要自己处理，肯定也有特别有脾气的时候，遇到一些事就会特别着急，但是慢慢你就会发现，你着急也好，冷静也好，都是这件事情的过程，所以我经常说，你无论遇到什么事情，或者你要做一个什么样的决策，还是要想得长远一点。就比方说我们俩现在要做一个工作，肯定有不顺利，我们俩挠头也好，哭也好，或者发脾气也好，这都是这件事情的过程，但是你会因为这个就不去做这件事情吗？不会。所以我就选择尽可能平稳的情绪把这个过程过渡完，因为我的终极目标是把这个事情做好。

田歌：实际上一个人在人生中、事业中，想要得到自己想要的生活、想要的事业，走到最后可能就是看这个人做人的态度、做人的方式，当然我们今天还会说做人的情商。你想做一个很有情商的女人吗？

陈数：情商高的理解，应该说是对于情绪的掌控能力特别强，是吧？我是一个从小情商非常不高的人。如果今天我的情商是70分的话，我曾经也就是30分，这40分是我自己练出来的。

田歌：是一次一次的跟头让你涨了情商？

陈数：那当然，成长其实也就意味着你要遇到很多事情，甭管你遇到的事情是排戏，还是去吃顿饭，它都是事情，是你让自己进步或者反省自己的事件。所以我现在想想，虽然看到我二十出头时候的照片，会觉得那个时候是很年轻，但是我还是喜欢现在的我，因为我觉得今天我的心理会更加沉稳，更加不浮于表面，更成熟。我从小就觉得女人的成熟美比青春美要美。

田歌：影视圈有很多自己的规则，你自己身在这个圈子里，你的做人准则是什么？

陈数：不要被娱乐了就可以了。大家现在经常把我们这个行业大范围地规划到娱乐圈的版块里头，甚至电视剧的一些消息、音乐会的一些消息都出现在娱乐版块里头。我不必去驳斥他人这样的归类，但是我一直觉得我自己不是一个很娱乐的人，我会做一些作品，让我的作品来娱乐你们，甭管是让你们开心地笑，还是让你们跟我们一起伤心地悲，我愿意用作品跟你们一起娱乐。

张嘉译

害羞男生怎样成了『师奶杀手』

田歌印象

很多女观众喜欢张嘉译，因为他身上有一种成熟男人的魅力，所以他被冠以“师奶杀手”的称号，他那种成熟稳重的表演也深入人心。

有人说张嘉译大器晚成，毕竟年逾不惑才真正被人熟知，似乎有点晚。张嘉译对这事儿却看得很淡，虽然曾经在影视圈摸爬滚打了十几年，一直不温不火，但那段岁月对张嘉译来说却是一笔财富——没有那么深厚的积淀，怎么在这个圈子里站稳脚跟？

从不敢和女同学对戏的害羞男孩，到俘获大批女性芳心的“师奶杀手”，再到谍战大戏中的特工硬汉，张嘉译每一步都在寻求突破，寻找挑战。看得出，张嘉译是睿智的。他可以接受自己籍籍无名十几年，因为他相信自己有一天会事业有成；他也可以接受自己有一天再回归默默无闻，因为支撑他做演员的不是走红与否，而是这一行本身带给他的快乐。能够如此清醒的人，注定会成功。

生冷蹭倔的陕西汉子

田　歌：张嘉译是陕西男人，有这么一种说法，说北京男人特大气，上海男人特精细，东北男人特虎气，你说你这个陕西男人有什么特点？

张嘉译：陕西男人生、冷、蹭、倔——都不知道谁总结的这四个字，但是它是最能集中体现陕西人性格的几个字。生，我觉得可以理解为单纯，我们总说生瓜蛋子什么的，它比较单纯一点。冷，也可以说愣。这个蹭字太有学问了，可能比较有脾气，比较有个性，这人脾气大，说这人蹭得很。

田　歌：不顺溜。

张嘉译：对，不顺溜，倒刺特多。

田　歌：那你是这样的陕西男人吗？

张嘉译：还好吧，差不多吧。

田　歌：这几个字，哪一个字在你身上最突出？

张嘉译：倔吧。

田　歌：还不够蹭？

张嘉译：蹭，但是现在岁数大了。

田　歌：倔就倔点吧，要是蹭的话，今天这谈话节目就很难谈下去了。

张嘉译：还行，还行。

田　歌：陕西的小吃也特别出名，我印象特深的就是陕西的稠酒，还有那个肉夹馍。

张嘉译：凉皮。

田　歌：对。但是我知道陕西人最津津乐道的好像是羊肉泡馍。

张嘉译：对，这每次回去都必吃。

田　歌：在北京不吃吗？

张嘉译：北京现在也有一两个地方能吃了。最早的时候，我记得1987年刚到北京上学，说新街口有一家羊肉泡馍，特感兴趣去吃了，结果跟我们那儿做法完全不同，他是上一碗汤，给你两个饼你泡进去吃，那个实际上在陕西叫水盆羊肉。

田　歌：张嘉译说北京现在有一两个地方能吃，意思就是说正宗的太少了。其实在谈到羊肉泡馍的时候，每个人都说好吃好吃，都快流口水的样子，但是说到做法，几乎没有一个人说得对，所以我们今天也宣传一下陕西的饮食文化，究竟怎么吃羊肉泡馍才算是正宗的。

张嘉译：这吃法多了，先是掰馍，我们要吃的话一般都是自己掰，当然现在也有机器搅，但是它搅的没有你掰的那个入味好。

田　歌：对，他们说吃羊肉泡馍的乐趣所在，就是一边聊天一边掰。

张嘉译：没错，我们可能先要几个小菜，上几瓶酒，一边吃着凉菜喝着酒聊着天，一边就开始掰馍。我们碗都不放桌上，因为桌上有点高，所以都会拿到怀里，两个饼一点一点掰。羊肉泡馍的饼是死面饼，烙的时候是七分熟，另外三分是在锅里煮熟的。有的人掰得很小，像黄豆粒那么大，但是我习惯再稍微大一点，玉米粒那么大。

田　歌：掰的大小是不是就能看出这个男人的性格？

张嘉译：那不是，实际上是看出这人好吃不好吃。他们后面的大厨都会看你掰的面，你要是掰得很大，人家就稍微给你煮一下就得了，知道你不讲究、不会吃。

田　歌：什么样叫讲究呢？

张嘉译：玉米粒大就是刚入门，不能再大了。

田　歌：我觉得陕西男人还有一个特别有特点的，就是爱吃面，而且要用大海碗吃。

张嘉译：对对。

田　歌：然后不在家吃，非得到门墩子那儿蹲在一块石头上吃。

张嘉译：以前农村是那样，总爱端一碗，因为面方便，不用吃菜，拌好以后都到院里去了，顾不了那么雅观，大口大口地吃得比较豪放一点。

田　歌：你吃面条是那样吗？

张嘉译：差不多，我习惯用大盆，到现在我们家里吃饭我都得拿大盆调，不知道为什么，总觉得这一顿一碗就得吃饱，你要没吃饱，再调第二碗，吃起来就没第一碗香了。

麻将和高尔夫里的人生哲学

田　歌：张嘉译爱玩什么？

张嘉译：现在来说拍戏之余喜欢打高尔夫。

田　歌：那是一个国际的流行项目。

张嘉译：实际上最早以前我对这个运动根本没有任何的兴趣，有时候别人说去打高尔夫，总觉得那是老年人的运动。一个偶然的机会接触了一下，一下就喜欢上了。

田　歌：可是我听说你特别爱推麻将。

张嘉译：对。

田　歌：难道那个是年轻人的项目吗？

张嘉译：那个倒是我从年轻时就开始玩的。

田　歌：我觉得打麻将和打高尔夫完全是两种感受，完全是两种人群。

张嘉译：对，一个是一个封闭的环境只做上身运动，一个是一个开阔的环境全身的运动。

田　歌：据说你这个麻将运动史很长。

张嘉译：对，打了二十多年了吧。

田　歌：你说这个打麻将的人和打高尔夫球的人，他们的状态有什么不同？

张嘉译：都是热爱生活的人，而且这两个项目都很上瘾。

田　歌：我觉得邀几个人，说咱们今晚打两圈，一坐下或者是坐下以前就开始算计对方了吧？

张嘉译：没有，你得牌到手以后才能算计对方拿什么牌，你得算，你得记牌。

田　歌：你的牌品怎么样？

张嘉译：相当好。

田　歌：有没有因为打牌急过？

张嘉译：没有，没有，我们一些朋友打牌真的是很愉快的一个活动。

田　歌：那你的胜利感是什么呢？

张嘉译：就是今天要是胜了的话，你就有资格在这几天之内挤对对方了——手下败将！

田　歌：那打高尔夫你的胜利感是什么？

张嘉译：这杆打好了，别人夸这场球打得不错，会津津乐道好几天，碰巧打了一小鸟你也会高兴好几天。

田　歌：听说打高尔夫你现在是非常着迷。

张嘉译：对。我拍《借枪》的时候，剧组里导演还有其他演员他们都在猜："这张嘉译怎么找出时间还能去打场球的？"他们都说我一天过28个小时，每天4个小时在打球。每天晚上十一点多收工，回去睡觉可能十二点多了，我会早上六点钟就爬起来去打球，他们出工时间可能会在十点半或者十一点。

田　歌：那你休息够吗？

张嘉译：我现在可能也习惯了吧，一天有那么五六个小时的睡眠就觉得够了，而且打完球以后会觉得精力特别充沛。有时候现场这场戏里没我，下午也可以在躺椅上小眯一会儿，也就补过来了。

田　歌：你高尔夫打得怎么样？

张嘉译：这爱好跟打得好是两回事，我基本上还是在努力阶段吧，水平一般，抬不上桌面。我的动作特别不标准，人家打出去，要保持住挺身、挺胸，使劲挺上去，我这个腰挺起来实在有点困难。

田　歌：其实那个不重要吧？

张嘉译：对，动作真不重要，我和王志飞我们俩老在一起打球，他的动作很标准，但是他永远没我打得远。他每次都跟我生气，说：“你动作也不标准，腰又不好，你还比我打得远！”

田　歌：你这是挺气人的。是不是打高尔夫让你的心态和形体都有变化？

张嘉译：形体变化不大吧，变不了了，但是会让人很平和，你不会去着急，因为高尔夫这个运动实际上很锻炼人，每一杆出去你都是抱着希望的，但是不一定会如意，你还不能怒，因为只有心静下来才能把球打好，一杆一杆都不能放弃，这18个洞，任何一个洞放弃了，你今天的成绩就完蛋了。

田　歌：这种感觉挺好的。你得保持良好的心态，不能急不能躁，不管这一杆出去结果如何，你都得充满信心。打高尔夫可以锻炼身体，同时你能找到很独特的人生感受，这是一个收获。你觉得打高尔夫的人和打麻将的人他们的气质会有什么不同吗？

张嘉译：打高尔夫的人我觉得心胸可能更宽阔一点，你天天在那个环境待着，不由自主就这样了。

田　歌：那你的意思就是说打麻将的人算计一些？

张嘉译：不算不行，不算你就败了，算不好也败。

田　歌：其实跟人生也差不多，人生你不能不算计，但是算计好了还行，算计不好也得走偏路。

张嘉译：对，你得去思考自己的人生怎么走。

田　歌：你以为他打高尔夫和打麻将是白打的？演员他有意无意都会在琢磨这种人，将来有一天他要是演一个麻将高手或者一个打高尔夫高手，他一定已经找到这些人的特征了。

【田歌谈艺录】一个有职业悟性的人，首先有一种自然的职业敏感。他生活的许多事，都会自然地与他的职业联系起来。这种人称得上纯粹的职业"革命家"，他们的生活是最富有的，每件事他们都会得到两种收获；但他们也是最辛苦的，他们做一件事却要付出两种心思。但他们的职业成就与生活质量、品位也绝不是常人所能望其项背的。

张嘉译：对，实际上演员要更多地在生活当中接触各种各样的人，因为这可能是你创作的一个基础。各行业的人都有他不同的生活状态，他在从事某一个行业或者做某一件事情的时候你都要记下来，作为你的资料库，这样你在创作角色的时候可能会有更广阔的思维去想象这个人物，甚至有时候会觉得这个人某一方面特别像我某个朋友，那我就可以把我这个朋友身上的特征融入进这个角色。

←

师奶杀手到硬汉的蜕变

田　歌：《借枪》里张嘉译饰演的熊阔海这个人物非常生动，非常有特点。我觉得很意外，你有什么勇气又去接这么一个类似于《潜伏》和《黎明之前》的题材？你保证你能够超过孙红雷和吴秀波吗？

张嘉译：什么勇气？我胆儿一贯很大——其实还是看剧本、看角色。

田　歌：你觉得这个剧本写得特好吗？

张嘉译：这个人物让我很有新鲜感，看完以后我觉得这人物是我以前没有碰过的，而且它是现在众多的谍战戏里面很另类的一部。

田　歌：对，我已经感觉到这个人物跟以往的完全正面的地下工作者很不同。

张嘉译：对，它从另外一个视点来关注地下工作者，从一个很平常的角度，这个人并没有特别关键的位置，没有神通广大的能力，很平凡的一个情报人员。

田　歌：而且剧中的熊阔海能言善辩，和印象中的张嘉译有很大的差距。

张嘉译：这能言善辩都是编剧写的，写得很好。因为他要求生存，他每天面对的都是不同的人，他对每一个人可能都有一定的谎言存在，包括跟他一起生活的妻子，跟任何人他都会否认自己的身份，即便是已经半暴露了，也打死不能承认。他是在很困难的一个工作环境下工作。

田　歌：我觉得这个人物真的非常丰富，表面上他油腔滑调的，但是当他自己一个人的时候，他完全就是我们想象中的一个正面人物了，他的反差很大。

张嘉译：导演、编剧当时赋予他一个身份就是以前说过相声，所以可能他会跟很多人打交道。有时候我觉得熊阔海这个人是一边演戏一边生活。

田　歌：他的生活状态就是演戏，也挺不容易的。而且我觉得这个人有一个极大的特点，就是精神胜利法。

张嘉译：没错。

田　歌：跟你生活中差距大吗？

张嘉译：生活中我也属于有点精神胜利法，有时候人老问你有什么难事，反正我就觉得没什么难事，都挺好。我是很乐观的一个人，我爱人说我就是盲目自信。

田　歌：我觉得盲目自信当然听起来不好，可是生活中有的时候真是优点。

张嘉译：对，有时候它是一种顽强。

张嘉译在谈话节目现场

张嘉译在现场教主持人田歌打高尔夫

【田歌谈艺录】人生最好的努力目标似乎就是不断地超越自己吧！如果连自己都超越不了，还谈什么超越比你高、比你强的人呢？一个演员没必要把目标设在人比人上，你能不断地超越自己，总有一天就有许多人被你超过去了。

田　歌：你为什么会养成盲目自信的习惯呢？

张嘉译：因为你做一件事情如果连信心都没有你一定是失败的，就像接这部戏，导演问有信心吗？我说有什么没信心的，我觉得一定能演好他。我没有想会超过谁，可能会超过自己，做到自己一个极限。

←

田　歌：这个角色和张嘉译以前演的很多角色有很大不同。我看大家把你评为“师奶杀手”，因为你总是在演感情戏，总是在和成熟女人的情感交往或者暧昧之中生存。

张嘉译：对，已经很多年了。

田　歌：你喜欢这样的称呼吗？

张嘉译：其实我觉得不管是什么样的称呼都是观众对你的一种爱戴，喜欢你演戏，对你的一种鼓励，可能它并不会影响我去接哪一部戏，但是会让我珍惜这一份爱护，也更努力地去工作。

田　歌：可是你演了这么多场戏，你还记得你最难演的一个戏吗？

张嘉译：其实演到后来都没有什么特别难的，只是一个尺度的把握。作为一个演员，像刚才说我现在演了那么多情感戏，但我17岁刚上电影学院的时候，跟我们女同学聊天我都脸红，那个时候是一个很羞涩的男孩。在学校我们有一个天性解放的练习，入校三个多月的时间吧，我们老师就发现我只跟男同学做练习，不跟女同学做练习。我们老师马金红就逼着我跟一个女同学练习，说："现在她演你的老婆，你现在要从房间外面把她抱进来，抱进来之后——我们舞台上有一张床——你把她放到床上，你要跟她亲热，演这么一场戏，我不喊停你就不许停下来。"当时我就傻了，我们那女同学说："那出去吧。"到门外边，我就鼓足了勇气把我们那女同学抱起来，进了屋把她往那道具床上一放，我就站边上看马金红老师，马金红老师拍着桌子说："我没有喊停！"我心说，你喊不喊停我也不知道该怎么演了。

田　歌：现在知道该怎么演了吧？

张嘉译：现在不用喊停我也知道停下来了。

田　歌：演员要把自己的天性特别好地解放出来，找到自己的特点，才会成为一个很好的演员。

张嘉译：对，一定要知道演员是一个职业，你要尊重这个职业你就会全身心投入地去对待它。

田　歌：你这么多年从来没有主动要求过演什么吗？

张嘉译：我主动要求的时候肯定是因为我觉得我特别合适，我演一定会演得特别好，你找谁来都演不过我。

田　歌：有没有被拒绝过？

张嘉译：没有，你得去说服他。你让我看到剧本，如果我真喜欢，我会琢磨很长时间，我会想象把这个人物设计成什么样，怎么来表达，要让他往哪一个方向更明确一些，我把所有有关他的想法都想好了以后我再跟导演去谈。

田　歌：《借枪》杀青欢庆的时候，你说“这个剧组是我合作最愉快的一个剧组”，我想知道什么样的剧组会让你不愉快呢？

张嘉译：就是拍戏过程当中你对人物有很多理解、有很多想法，但是都无法实现，这时候一部戏都会很压抑，你无法达到自己想要的那个东西会很痛苦。或者说有些时候最怕碰到那种“演导演”的导演，就是他一定要坐在导演这个位置上表演导演，你无法跟他沟通，他非要让你这样去演，你让他解释他又说不出来，这个时候你就会觉得很别扭。

成名没有早晚，只有最佳时机

田　歌：我在一些介绍你的文章上总是会有这样的感觉，张嘉译成名有点晚，觉得当演员的就应该早一点成名，我想问问你觉得你成名晚吗？

张嘉译：不晚，挺早就成名了。我觉得我还是非常非常幸运的，二十多岁的时候就很多人找我拍戏，虽然可能不像现在这样，但是合作过的导演、很多同学，都会很认可你演戏，对你有很大的帮助和鼓励。

田　歌：我查你的资料，好像很长时间你都没戏演，成天在剧组里当副导演。

张嘉译：是，我是闲不下来，包括现在演戏也一样，有时候剧组很熟的情况下，我就会张罗很多戏，尤其是很熟的导演，我会使劲张罗，因为我要达到一个我想象的环境，要不然演起来会不舒服。

田　歌：我觉得你走到今天，你自己作为男人也好，从表演的角度来说也好，刚刚才到最好的状态，经验、感受、人际关系包括现在创作上的开放，我觉得成名成得正是时候。

张嘉译：正好，一点都不晚。我觉得我可能属于那种比较乐观的，在很多时候只要有戏拍就很高兴。

田　歌：我觉得张嘉译现在到了一个最佳的状态，但是我特别想跟你讨论的是，你觉得一个演员的创作会受到生命周期的影响吗？比如说你现在是40岁，我觉得特棒，可是你刚出来的时候年轻，形象特棒，但是你对角色还不一定了解呢，我是指的这个周期。

张嘉译：可能会有影响，其实对于演戏，我自己总结，我经历了很多阶段。刚从学校毕业的时候是真正的盲目自信，比现在还自信，觉得什么都能演，真正拿到剧本在镜头前的时候发现你不会了，演过一段时间发现，你演出来的东西跟你想象的东西有差距，所以有一个阶段就茫然了，不会演了。再逐渐地锻炼锻炼又有一个阶段你会了，这个时候你觉得之前是刚出来，现在是真会了，但是这个阶段呢，可能是经过了你一段时间的积累，不管是对人生的认识还是对生活的感悟，但是这个积累是很薄的，演了两年戏你又把它用完了，你又不知道该如何表达了，你又觉得自己不会演戏了。那么又经过一个时间段，逐渐地你可能才明白真正意义上的演戏。

田　歌：就像你现在对熊阔海特别满意，没准儿再过十年会觉得当时要是那么演就好了。

张嘉译：影视艺术永远是遗憾的，在不同的环境，你对事物、对生活有不同思考的时候，可能你对这个角色会有不同的要求。

田　歌：其实要认真地品味，演员的创作是真的很伟大的，因为他真的用整个身心去创作，他没有流水线，每个人物都不可能有流水线。

张嘉译：对，我看戏特别爱看整体，有时候我们放在剧本上看文字的时候觉得这场戏特别好，但是一到现场的环境，你就发现要完全按这个气氛演是不对的。演员需要第一时间的感受，我不会因为是设定好了的我就这么演，也不管对手怎么演我就这么演，不是，在演的过程中我是在不断地调节自己的感觉，这是肯定的。

田　歌：我采访的很多演员，都跟他们谈过什么样的演员是好演员的话题。有的人跟我说好演员就是演什么像什么，但是也有一个演员，他的回答给我留下很深的印象，他说实际上演员演到最后就是演这个人自己的魅力了。我不知道你更同意哪一种观点？

张嘉译：后一种吧。

田　歌：那要是只演他自己的魅力，那不是演什么都是他自己吗？

张嘉译：那不对，他一定是带有角色的这种轨迹，因为用文字描述一个角色的时候，不能给我们一个具象，你看不到他的整个形象是什么样，他的语言、他的动作你都看不到，你要去掌控这个角色，你要赋予他生命，很多时候是要把自己的个性魅力融入进去，你作为一个人去表演，不可能摆脱你的形象。

←

【田歌谈艺录】演员与角色的关系是一个十分重要的话题。王学圻谈到一个“无条件服从角色”的观点，张嘉译似乎赞成演员要演自己的个人魅力。无疑，把剧本上平面的人物立体化为活生生的影视形象，这无论如何是要靠演员的再度创作，但似乎无论如何不能让定型的角色来服从你个人的魅力，而应该是以个人的演技、技巧来把角色演好。“演什么像什么”这句话似乎说明了演员与角色的关系。每一个角色在你接过本子时，已经是一种艺术的既定，你的能耐在于演什么像什么，而不能演什么什么都像你，那你就不是演员了。这个话题还是留给大家商榷吧。

田　歌：有没有那种演员演什么像什么呢？

张嘉译：有，但是他依然不能够脱离了自己自身的东西，我们现在中国最好的演员姜文，那是我非常崇拜的一个演员，他演的戏拥有强烈的自身魅力，从最早的《红高粱》，到他的《芙蓉镇》，一直到现在我们看到的《让子弹飞》，各种不同的角色，他都能用自身的强大的个人魅力去驾驭这个角色，赋予这个角色很生动的生命。

家庭、事业双丰收

田　歌：张嘉译事业上很成功，家庭生活也很圆满，尤其是前两年得了一个千金，据说是搞了一个很大的庆生会。

张嘉译：对，那个活动是我组织过的最大的活动——严格来说还不是我组织，是海燕组织的。因为当时生完孩子以后很高兴，手机上的所有朋友你都得告诉人家，所以大家就知道了，到了满月的时候所有朋友都来问："满月办不办？"我说："满月孩子太小，不办了，我们百天办。"跟很多人说百天办了，所以到那天不办都不行了，提前了得有小一个月就准备，算了算说大概百十人来，结果最后来了三百多人。

田　歌：可见这人缘非常好。有的人说我一想到我的女儿我就想笑，有的人说一想到我的女儿我的心就一紧，那你想到你的女儿是什么感觉？

张嘉译：一想到她就会觉得你是一个父亲，你得保护她。一直到现在，我抱孩子老想把她抱在怀里，抱得特别紧，他们老批评我说："你不能这么抱着，你得抱开了。"但是我一抱她我就不由自主地想抱得特别紧。

田　歌：这种感觉太幸福了，以前可能也看过别的父亲，也听人说过，但是这个事情发生在自己身上的时候真是不一样。

张嘉译：是，以前没孩子的时候，很多朋友会告诉你赶快要孩子，说孩子出生以后完全有可能改变你的人生，你会很幸福。你相信他们说的是真的，但是你感受不到，只有当你自己抱起自己的孩子的时候，你内心里那种感动才存在，你才会真是一下就碰到你心里最软的那块地方。

田　歌：你是不是对你妻子的感觉跟以前不一样了？

张嘉译：对，确实很伟大，很辛苦。

田　歌：这词怎么这么老套？

张嘉译：但是这词很实在。

田　歌：我听说要想听陕西男人说“我爱你”，那比登天还难，急得没办法说一个“我跟你好”，有了孩子以后你对海燕说过“我爱你”吗？

张嘉译：说过，确实很由衷的。尤其是她怀孕这期间我都在外面拍戏，一直在她生的前十天我才回来，所以在这过程中她所有的检查什么的，都是我丈母娘陪她去，或者她一个人去，所以这个阶段就比较内疚了。我觉得她很坚强，在那个期间，有一次丈母娘病了，她挺着大肚子开车送母亲去医院，一个人照顾，第二天还要去检查，又一个人开车去医院检查。我那会儿听的时候，觉得作为丈夫跟孩子的父亲，确实没有尽到责任。

田　歌：如果你在她身边那感觉完全不一样了。

张嘉译：尤其这个时间应该在身边，但是也很无奈。

田　歌：你希望将来你的女儿怎么评价你呢？

张嘉译：她怎么评价我可能不重要，主要能让她感受到我有多爱她就行了。

、

田　歌：你曾经说过孩子的未来你要好好去经营，要像经营你的表演事业一样，那你希望你的女儿未来成长成一个什么样的女性？

张嘉译：快乐、幸福吧。

田　歌：你有一个观点我觉得挺奇怪的，你说人和人之间需要有距离，人和自己也需要有距离。人和人之间需要有距离我懂，人和自己也需要有距离？我觉得我还得亲耳听一下你的解释。

张嘉译：其实这就是一种反思，你有时候需要很客观地跳出来，站到自己对面来看看自己。

田　歌：现在你这么甜蜜，事业、生活你都占了，我觉得你的甜蜜都快要溢出来了，你还有时间来冷静地看自己吗？

张嘉译：会的，就说事业上吧，他们都说你现在拍戏这么多，你现在事业做得很好，我说是，我说我知道我有今天，我也知道我有一天不这么好的时候我一样能接受，因为支撑我来做这一行的并不是说我好与不好，而是这一行本身带给我的快乐。

秦岚

『琼女郎』梨花带雨的滴星泪

田歌印象

认识秦岚时，她还是那个玲珑剔透的知画，还是那个命运挣扎的绿萍，她是“琼女郎”出道，琼瑶称赞她：“秦岚一滴泪，天上一颗星。”

成为“琼女郎”是多少女孩的梦想，也是一件值得骄傲的事，至少那证明你是足够美的。秦岚的美毋庸置疑，可是她却并不在意自己的美，甚至觉得有时候会是累赘。原来温婉的外表下有一颗强悍的心，所以她更愿意弱化甚至糟蹋自己的美，与其做一个漂漂亮亮的花瓶，她更希望用角色证明实力。

所以我们看到她从眉目含情、梨花带雨的言情女主角走到了《南京！南京！》里的唐太太，又走到了《王的盛宴》《楚汉传奇》里心计复杂的吕后。转型对于任何一个演员来说都是伴随着巨大的痛苦与挣扎的，对于一个大家眼中的“花瓶”更是如此。这一路走下来，正如秦岚自己所说，如同翻山越岭，走得太艰辛。所幸，她成功了。

不温婉，不脱俗，只是一个小女人

田歌：看了很多你的角色以后，依然很难忘记“秦岚”这两个字，这是你想要的效果吗？

秦岚：其实我觉得对一个演员来讲这也是一件非常荣幸的事情，你能够被观众接受，然后记住你的名字。

田歌：对，但是从另一个角度来说，好像你的个人特质要压过了角色，所以我想可能是秦岚的美太夺目了。一个人的名字有可能会影响这个人的气质，你的名字也是真的很脱俗，我想知道为什么叫秦岚？

秦岚：这个名字是我爸爸取的，“岚”就是“山岚”的意思，就是山中的雾气，轻轻地包裹在山峰上。

田歌：很飘逸的，确实你也给我带来了这样的感受。大家都说女人如花，如果用三朵花来比喻自己，玫瑰、野百合，还有兰花，你觉得哪个更接近你的气质？

秦岚：兰花吧。可能跟我自己的喜好有关，我不太喜欢特别艳丽的，特别夺目的，喜欢静静地绽放的，所以我觉得兰花的气质是我喜欢的。

田歌：兰花之美就在于它是清雅的、高洁的，它不艳丽，它似乎孤独，但是它独自幽香。它是有品质的，我记得屈原好像就把君子比作兰花。小的时候你的梦想是什么？

秦岚：很多小朋友可能都想当科学家、老师、医生，很多男生说他们想做军人、警察，可是我特别奇怪，我特别想做售票员。

田歌：为什么它吸引你呢？

秦岚：可能是因为小时候世界太小了吧，记忆中陪伴我最多的就是挤公车，我记得特别清楚，因为父母那时候工作忙，我都自己坐公车上学，可能心里面莫名地有那种情感，而且满车的人售票员都记得谁买票谁没买票，我觉得真厉害。

田歌：你是喜欢他的那种感觉，因为一车的人都归他领导。

秦岚：好像也是，而且他有一个报话筒，每次说得都特别流利，下一站是什么什么。就觉得做一个售票员好好呀。

田歌：那为什么没当售票员？后来学了什么专业了？

秦岚：后来学了会计。

田歌：那是非常理性的，可是当演员你就必须是感性的，必须是一点就着的，必须是充满想象力的。我相信你身上肯定有做财会的这个特质，比较理性。这种理性是阻碍了你的创作呢还是帮助了你的创作？

秦岚：我觉得某些时候是能够帮助的，可能在我内心中双面性格比较明显，一开始我按部就班地上学，然后慢慢走到这条道路，我会发现原来有这样的一份职业会让我能够自己点燃自己，不再像从前那么理性。但是当我快烧成一种灰烬的时候，我会觉得我应该理智起来，很多事情要清晰地去看待，更要冷静地去分析。所以我觉得是有帮助的。

田歌：就是可以帮助你掌控情绪。

秦岚：对。任何事情我觉得应该有个度，如果太过感性，容易越池到那个度的外面去。我觉得适当让自己理性可以把我收回到应该的状态。

【田歌谈艺录】秦岚讲的“度”是一个哲学概念。什么是度？就是中道哲学。站在中间，前后左右都有进退的余地；站在极端，就再也无路可走了。站在“极”处向前走就是下坡路；走到端点再向前走就掉下去了。做人做事还是要把握好度。花香的浓度再超过50%就变成臭了，优点再前进一步注定是缺点。做人、做事、做艺似乎都应把握好分寸。

←

田歌：我知道你是东北沈阳人，可是从你身上我几乎完全找不到东北那种感觉。你有东北人的特质吗？

秦岚：有啊。可能我的个性里面有一些爽直吧，有的时候有一些男孩的小脾气小性格。其实我特别喜欢简单直接，我不太喜欢兜很大的圈去做事。

田歌：我发现好多人都是外表温婉，内心却很刚强；很多外表很干练的，其实内心又很细腻。

秦岚：所以经常会被我们这样外表的人所蒙蔽了。

田歌：一个是蒙蔽，有时候也会被人误解。

秦岚：对，其实我最不喜欢被别人误解，但是对于我们的职业很正常，因为很多观众认识你的时候都是在角色当中，他们认识角色，会从角色认识一个演员。可能每个角色都有我的一部分，但是那不是全部的我。

田歌：那生活中的你是什么样子的？

秦岚：生活中的我没有那么温婉，其实我还不过就是一个俗人。

田歌：听说你还喜欢养狗？

秦岚：我喜欢动物。我很喜欢泰迪，但是我一直在做斗争，我觉得如果不能对它负责，没有足够的时间来陪它，我就不要做这样的决定。李晨家养狗，他就拍了好多照片发给我，说：“你看多可爱！”我一看就按捺不住了，立马冲进宠物店找，但是没有带钱，当时就特别着急，给朋友打电话请他帮我打一点钱，打过来之后我马上买了一只。我觉得有的时候养狗可能是一种缘分吧，当你看到它的时候，你就觉得它属于我们家的一分子了，可以跟我走了。

田歌：这狗给你带来的最大的快乐是什么？

秦岚：可能就是一种牵挂吧，一种莫名的责任感。从前可能更多地是体会到父母对你的这种情感，但是我很少特别付出。我刚养它的时候，它好像只有一个多月，特别小，刚刚断奶，然后我记得有一次我要去上海工作，我就把它寄养在同事那儿，我真的就会特别担心，每天定点打电话问狗粮喂了没有，它怎么怎么样。

秦岚一滴泪，天上一颗星

田歌：你觉得你今天走到这个表演的队伍中和自己的长相关系密切吗？

秦岚：肯定也是有的。

田歌：你是因为自己知道自己漂亮，所以才会选择这个职业放弃那个职业？

秦岚：其实一开始是我们班的同学帮我报名一个广告模特儿的比赛，那个时候我特别内向，不太敢去抛头露面，我觉得那是一个特别尴尬、特别紧张的事，我又没有任何的才艺，我的专业也用不上，所以我一直在打退堂鼓。然后他们告诉我说：“你试试嘛，就当失败了。”后来我也问我自己，是呀，我还年轻，我有很多可以失败的时间，为什么不去尝试呢？我就大胆地去试了那么一次。

田歌：又是耳根子软的好处，听别人的劝说还是有好处的，关键去了之后就成功了呀。

秦岚：因为一开始就没有关心结果，我总觉得结果永远是明天的事情，明天是什么样，谁都不知道，唯独能做的就是做好今天。

田歌：你是“琼女郎”出身，当时琼瑶告诉你她是看上你哪些特质了吗？

秦岚：我记得我第一次跟琼瑶阿姨见面的时候，好像是21岁吧，她见了我说的第一句话就是：“我见过你的照片。”她一说这话我就愣了，在我印象中那是我们第一次见面，我没想到她看过我的照片，还记住我了。

田歌：成为“琼女郎”是多少女演员的梦想，但是我们大家也都知道，你要成为“琼女郎”有两个条件，一是漂亮，二你要有一个特别的技能，能哭。说哭就哭，不能说比自来水快，但是咱要哭就能哭出来。

秦岚：这叫什么技能？一开始我不觉得自己有这个能力，只是觉得我有很感性的一面，我很容易被感动，很容易同情别人，所以有的时候在演戏的过程中可能我借鉴了这一点吧，把这种容易感动的个性给它放大化了。

田歌：现在你看着我就能哭吗？

秦岚：为什么？田歌姐你那么甜美，我哭不出来，我只想笑。

田歌：当它成为技能的时候，对面是谁都能哭。

秦岚：对，我们拍戏经常就对着灯脚架都要哭，我们假装那个灯脚架是男主角。其实有的时候这种哭是有技巧的，如果马上让你哭，我们会眼睛盯在一个点，慢慢你就会发现你的眼睛酸了……这个时候你可以加一些情绪进来……

田歌：我的天，说来就来呀！我必须折服琼女郎。我想起琼瑶对你的评价了：

“秦岚一滴泪，天上一颗星。”你刚才流泪的时候，真的让我想到那个词——梨花带雨。

秦岚：谢谢。

田歌：我们知道原来“梨花带雨”是形容杨贵妃哭的时候的状态，后来就把这么美好的形容给天下所有美丽的女人哭的时候的状态，我觉得这个词用在你身上真是太合适了。

秦岚：没有，其实我觉得做女人挺幸福的，因为很多美好的我们都可以拥有。

田歌：但是我要问你，你有没有见过一种表演不流泪却比流泪更悲伤？

秦岚：当然。有的时候那种压抑的宣泄是虽然无声，但是对于内心的碰撞，我觉得是更大的一种侵蚀。

田歌：你是没有经过专业的科班训练的，你觉得在创作上科班和非科班的演员的优势和劣势是什么呢？

秦岚：可能对于科班的演员来讲，他们的基础更好，包括台词的功底，像我们这种没有上过台词课的确实存在不足，一开始刚拍戏的时候，导演就说：“你要收你的东北音。”可能对于科班的演员来讲，他们这些功力都有了，大学四年已经积淀得非常好了。我不知道我这种非科班的有什么优势，可是在我内心我觉得表演对我来讲是没有任何边界的，我可以凭我自己的情绪去感触。我永远告诉自己，现场的创作是最终的，所以我非常看重即兴的东西，我也喜欢即兴的东西。可能我不太喜欢过于束缚的框架，我觉得这样的话容易压抑掉很多光彩的部分。

秦岚在谈话节目现场

从“琼女郎”到吕后的翻山越岭

田歌：我说你美你不好意思，但是你确实美。你的美是让你拥有了更多的朋友和机会呢，还是让你自己有的时候更加孤立？

秦岚：我觉得你说得特别好，你总结的是人生经历的一个顺延的阶段。可能一开始由于你的外貌有很多人认识你，有一些比较优秀的制作人想跟你合作，比如说琼瑶阿姨。慢慢你就会发现外型给你的一些定位或者是一些束缚。

田歌：其实也是一个漂亮的女演员的优势和劣势。

秦岚：对，尤其你拍过一段时间戏之后，你会发现，天哪，这个外在的东西真的是太累赘了！所以你就希望能够找到一些角色，就是说我吸引观众，我是通过我角色的魅力，并不是一贯的自我的这个形象。

田歌：我可以想象一个漂亮的女演员，她要经过怎样的努力才能得到认可，用美丽先争得别人的认可之后怎么样再用实力去证明自己，怎么样摆脱花瓶的定位成为一个实力派的演员。其实从《南京！南京！》的时候你的形象完全和我以前看到的那个美丽的少女、那个凄美的秦岚不一样了，在《王的盛宴》和《楚汉传奇》里你都演了吕后。你觉得从“琼女郎”走到今天两次演吕后，让你选择一个形容词你会用哪个词？

秦岚：翻山越岭吧。我很喜欢一个女演员叫梅尔·斯特里普，我会发现她身上的每个细胞都在表演中；我会发现岁月留下的痕迹没有掩盖住她在表演上的光芒；我会发现，她可能在好莱坞不是最美丽的女人，可是她是最有表演魅力的女人。我觉得她是一种演员的代表，可能很多演员成功，是角色成就了演员，而她是成就了角色。我就会回想自己，我是一个喜欢表演的人，一个人能够选择自己很喜欢的职业去做，这是一个很幸福的人生，我觉得我自己很幸运，有了这样的工作，非常顺风顺水的，我为什么不好好珍惜，对自己严格要求？有的时候去挑战一个新的人物，可能跟自己本身有差距，你会觉得很难，像翻一座很高的山，可能这个途中有很多的荆棘、岩石、峭壁，但是你需要用你的双肩跟你的双脚支撑整个身体和意志，坚持下去。这种坚持是有标准的，我不能跟梅尔·斯特里普去比，我也不希望我永远跟别人比，但是我觉得我要超越自己。

所以，可能从《还珠格格3》的时候，大家看到了一个那样的知画，那样的一个秦岚的角色，那也不是我。后来在我的争取下，我跟琼瑶阿姨打电话，我说："我觉得汪绿萍很适合我。"那是我第一次做了一个尝试，就是主动地推荐自己，因为我觉得那样的角色对于我来讲，又是另外一个挑战，又要翻另外一座山，我永远想不到，如果我是一个残疾人，我的一生会怎么过，可是我要演一个这样的女人，她从一个舞蹈家变成残疾人，这样的人生会是怎么样的，我很好奇。那次试戏成功了，我很高兴，翻过了一座山。

遇到了《南京！南京！》，我也没有想过，一个曾经拍过《可可西里》，拍过《寻枪》，这样非常男性视角的导演，我跟他合作会怎么样。那个满嘴上海话的唐太太对于我一个沈阳人来讲，我觉得可能又是一座山，又是一次改变跟逾越。

后面遇到两位吕雉，我甚至觉得可能我这一生都不会演像吕雉这样的角色，我觉得我们的职业给我们最大的好处就是你可以把很多不可能变成可能。拍《王的盛宴》的时候我增肥20斤，然后一直都以一个老年的状态出现，拼命地毁皮肤，这戏一杀青马上进高希希导演的剧组《楚汉传奇》，要瘦回来，我又拼命地减肥。我觉得这个过程，对于我自己的人生都是成长，但是我自己的体会就是翻山越岭似的。

田歌：吕后的形象完全已经不是我面前的秦岚了，尤其在《王的盛宴》里。你是怎么找到这个人物的感觉的？

秦岚：这个过程非常的难，我很早就进组了，我发现每个演员都演得特别好，后来又知道我跟刘邦老年戏的部分会作为重点，我特别忐忑，所以我更需要在现场去跟大家磨合，去感受，感受那个冷兵器的时代，感受吕雉的内心。可是要塑造一个这样的女人，生活在男人中间的一个冷兵器似的女人，非常的难，甚至在中期的时候我想退缩了。可能拍过这么多年戏，我没有一次让自己软弱的，我内心永远给自己一个坚定的目标，既然答应我就要做，要做就要尽我的能力做到最好。但是这次我不行了，我被一次又一次地否定。

田歌：是自己否定还是合作者否定？

秦岚：导演否定，我不怕导演否定，拍《南京！南京！》的时候我也被导演否定过，拍了十六条都没有通过，但是第二天我就可以一条就过，因为我自己会一个晚上睡不着觉，永远在想我明天戏要怎么演，怎么样能够做得更好。可是《王的盛宴》我遇到的是自我的否定，我觉得这是最可怕的，你自己不自信了。那个时期，我每天特别狼狈地很想在现场流泪，因为我发现我内心最脆弱的地方已经崩盘了，我会觉得我有点扛不住了，我想放弃了。每一天我都特别想从吕雉的那个身体里面走出来，我特别想活回自己，那是我第一次想从角色里出来。

可是那个时候导演跟我说："我对你的否定，不是因为你不行，我是希望你们每个演员都能更好，我知道你还有空间。"那时我突然觉得特别内疚，选择你的人，选择你的团队，都没有说你不行，凭什么你自己要做这样的决定，我这是在干吗呢？我太懦弱了！我觉得无论是男人也好、女人也好，不能懦弱，懦弱是太可怕的东西了，我为什么不坚持呢？就好像当初我决定放弃我的专业，来做现在的职业，不就是因为坚持吗？我为什么要在这个时候懦弱呢？所以我说我要坚持下来，我就拼命地糟蹋自己，每天熬夜，吃很多垃圾食品，就让自己那个状态能够维持，包括我那么讨厌那个角色，我觉得她可怕，我也强迫自己不要从她里面出来，你只有把从前所有的自己全部抛弃掉，沉浸在这个角色里，你才能成就这个角色。这个过程真的很难。30年的习惯了，你是个刺猬，你有很多的问题是属于自己的，可是现在全部要丢弃掉，就好像拔你身上的刺一样，所有的这种装可爱啊，以前装漂亮啊，在镜头前演那种美好的，全都不要，都不属于这个角色，也不再属于你了。其实这个戏杀青之后，很多人都觉得我状态特别差，但是我不后悔那段时间我为这个角色的付出，我觉得如果一个演员能够真正去做一次脱胎换骨的改变，这是一个多好的机会。

→

田歌：我原来看到的秦岚，眼睛是水润的，可是你塑造的这个吕后，眼睛是干冷的，你不从内心真的沉进去，是很难做到的，你起码有很长一段时间走不出她的影子。

秦岚：特别想走出来，刚杀青的时候，我回到北京，特别开心，我觉得，啊，终于结束吕雉的生命了！我以为我忘记她了，我以为我回到北京之后我特别快乐，我约我的朋友，然后过我的日子，但我又走进剪切房，我看到她的时候，看到呈现在银幕中

【田歌谈艺录】人不怕敏感，就怕麻木；但太敏感了也不好。它是一个可以“无事生非”的怪物，会曲解、误解、夸大许多东西，甚至把根本不存在的问题当成问题来折磨你。导演否定了你的一个动作、一个表情、一种表现方式，并不等于否定了你的能力；否定了你的一件事，并不等于否定你这个人。而“敏感”这个怪物却会用这种声音来干扰你，而最可怕的是你信了它且不可自拔。人都是被自己打倒的。

的那个陌生的我，我流泪了。我当时说：“这个戏如果我妈看了，也许她都不认识那是她女儿。”在那段日子里面她完全把我的心侵蚀了。

田歌：大部分人都会羡慕演员的光环，其实他们不知道演员们幕后的甘苦，他们更不知道一个漂亮女演员幕后的甘苦。因为一个漂亮的女演员，她要去扮演这么一个角色，她的难度比相貌一般的演员又增加了一倍，所以我觉得你用“翻山越岭”这个词真的很准确。但是你知道吗，你翻了一座山，终于从“琼女郎”那座山翻了过去，可是你又进了另外一座山，你又变成“川女郎”了。

秦岚：所以我想摆脱。人生为什么总是这么矛盾？一开始相遇的时候你总是想放弃所有，重新拥有一切，当你融入到很深的时候你又想摆脱，这可能就是人生一次又一次的自我的转变跟挑战。

田歌：你一次一次摆脱、挑战自己的时候，又一次次地给自己戴上了一个枷锁。但是我相信你总有一天会走出这些无形的枷锁，会有一个好的角色来证实你的。

娱乐圈里我是一个不太守规矩的人

田歌：在你扮演的这么多角色里头，哪一个角色是真正地帮助你找到表演的脉搏和穴位的？

秦岚：吕后吧。

田歌：吕雉，从历史到今天，我们几乎都是否定她的。可是你两次演她，你不认同她，你是没法生活在她的这个世界里的。所以你觉得吕雉身上究竟有什么可以学习的地方？

秦岚：这个女人是一个非常伟大的女人，可能很多男人一生中都没有办法经历她的人生。两次演吕雉，我是完全经历了她的一生，一个很纯良的女人，下嫁给刘邦，那个时候的她其实是一个没有那么运筹帷幄，没有那么有心计的女人，从她身上我看到了坚韧，我看到了真正的大度，我看到了夫妻之间没有感情，她依然可以继续维系下去——那个时候其实是可以离婚的，女人跟男人离婚还可以再嫁，而且吕雉的家世是不错的。我觉得这是一种坚守，一种对自己的坚守。这也是种爱，可能很多人觉得吕雉身上没有爱，可是如果她不爱刘邦，她为什么坚守到最后呢？她在中途的时候就可以离开了。这种爱，可能最终已经走向恨，最终走向了政治同谋。当我走过她的一生，我会感受到，她受了太多的苦，她有太多次能死掉的机会，她都坚持下来，活下来，我可能做不到。

田歌：她是真正的生活的强者。如果让此刻的秦岚，和两千年前的吕后，进行一次超越时空的对话，你会和她说些什么呢？

秦岚：我会跟她说，我知道你的苦，你的一生并不好过，我很钦佩你的隐忍，这是我一辈子都做不到的。所以人世间没有绝对的好与绝对的坏，万事皆有源头。

田歌：吕后是一个很有心计的女人，你觉得女人应该有心计吗？

秦岚：心计这个词，某些时候可能让很多人听起来是有一点刺耳，一个女人过于有心计是有点可怕的，可是我觉得心计也是一种聪明和智慧，非常清楚自己人生的目标，我觉得这样的女人其实也是很可爱的。只是这个心计掌握度，做任何事情要掌握个度，希望你是善良的，希望不要过于工于心计，做太多利于自己不利于别人的事，如果能利于自己又利于别人，我觉得这样的一些聪明的小伎俩是可以。

田歌：我是不是从你这话里可以武断地认为，你认同你自己就是一个有心计的女人？

秦岚：我应该是个没心计的女人。首先我是一个很藏不住事的人，开心或者不开心都会在脸上，我会比较容易起反应。所以我觉得可能从这方面做得不是很好。

田歌：其实看见你的时候，我就想到那么一句话，这个漂亮的女人，一有心计就可怕；可是漂亮女人如果没有心计呢，你又会觉得她可怜。

秦岚：非常准确。

田歌：其实心计就像你说的，只要不伤害别人，你对自己有设计，我觉得没什么。

秦岚：对。

田歌：你所从事的这个职业，过去被我们称为是演艺界，但是今天呢，已经把这个圈子称为娱乐圈，你觉得这两种形容有什么距离？

秦岚：对于我自己真的没有太大的区别，因为我一直都按我自己喜欢的方式去生活，虽然这个圈子里也有很多这个圈子的规矩，但是我经常是一个不太守规矩的人，比方说我特别懒，我不喜欢减肥，除非让我为了一个喜欢的角色心甘情愿去做。有时候我妈妈也告诫我，说："你知不知道有些演员都一年没有吃米饭了？"可是我真的受不了，我真的不能理解，为什么不吃米饭？米饭那么好吃，吃对于人来讲是最美的享受了。我觉得我还是希望能够踏踏实实做个最平凡的我，所以可能这个圈对于我来讲，没有特别深的概念化。以前的演艺界，因为我没有太早地涉足，所以我可能也没有太多的概念。

田歌：在娱乐圈是有一些生存法则的，哪些是你无法逾越的底线？

秦岚：我不喜欢拍一些特别大尺度的照片，曾经有个杂志邀请我，约了我们很久，而且人家约我是瞧得上我，但是后来我还是过不了心理这个关，他们一直在开会说希望尺度能够往上、再往上，可是我真的不能接受那种尺度特别大的，这是我没有办法逾越的，我的工作团队都知道。包括也有人问："如果真的有一个特别好的导演，让你拍一个很大尺度的电影，你会接受吗？"我也接受不了。

田歌：可是那真的是一炮走红。

秦岚：可是我会觉得那一刻我的表演状态是紧张的，我没有办法去体会表演中那种松弛的快乐，我希望那个角色是能让我特别接受，在特别松弛的状态中度过的。

田歌：就没有办法享受那种创作的感觉？

秦岚：对。我不喜欢那样压抑自己去工作，我还是希望工作中纯粹一点，简单一点。有的人会问："秦岚，你现在拍一些电影，会不会就减少电视剧？"我说为什么呢？很多观众都是从电视剧记住我，我要感谢他们，所以我要拍更多好看的电视剧给他们看。我不会因为这个戏的投钱有多高来衡量自己表演的价值，我觉得在工作过程中，如果是开心的，这个才是最高的价值，因为你的开心、你的愉悦、你全情投入的表现，才能给观众带来快乐，而平台是没有界线的。

田歌：现在的秦岚，她的表演事业正风声水起，但是你希望自己有一天是忙碌的、身不由己的、成为名声的囚徒的明星吗？

秦岚：完全不希望，如果我是那样的个性可能混得比现在还好，所以其实我没有过高的要求，我觉得做自己喜欢做的，这样有一天你老了，你回想一下，我一生走的每一步都挺开心的，我的一生过得很充实。

田歌：我们生活在一个充满了欲望的世界，然后又有各种各样的诱惑，我能想象在你面前需要选择的太多了，诱惑更多，那你是一个善于说不的人吗？

秦岚：这些诱惑我还是挺善于说不的，可能从小父母对于我的教育就是让我觉得你不能不劳而获，你的外貌并不是能够在这个社会上立足的最重要的一点，我觉得可能在我内心这个观念会比较强。我记得我小的时候，外婆经常告诉我，不能随便要别人给你的东西，可能这种教育非常传统，也很压抑式，可是在这种教育中我学会了我没有资格去不劳而获。可能我也不是个欲望特别高的人，我可以逛那种很小的店，我也可以跟人家讨价还价，我也可以在小的摊位上吃小吃，我觉得这都是快乐。所以对我来说，跟那些物质去说不很容易。

田歌：在这么长时间的谈话当中，你给我的感觉都是充满自信的、很清醒的、坚定的，但是我相信天下所有的女人在爱情面前，应该都是弱智的，你例外吗？

秦岚：我不太弱智。我很理性的，每个人都会喜欢度假，喜欢两个人在一起的时候，但是我会适时地告诉我自己，我要工作去了，我要去做事情了。如果这段感情不是值得我留恋的，我就会非常理性地从里面出来。我很多女朋友不能理解，我难过我可能会躲在屋子里自己一个人哭一个晚上，我告诉自己就哭一个晚上，OK，明天继续。虽然我说是这样说，我不难过，我不哭，不代表心不再疼，只是我不希望表现出来。

田歌：我觉得你好坚强，只能把脆弱留给自己。

秦岚：对，我希望我自己能够坚强地去面对我自己的生活每一天。就好像有的时候跟朋友在一起特别开心，我喜欢喝一些红酒，人家觉得你酒量还挺好的。其实不是我酒量好，回去我都特别难受，会觉得头很晕，只是这种意志力让我自己坚持，我不能在很多人面前失态，我要清醒地去做自己。

爱自己，做自己

田歌：你专辑里有一首歌《爱自己》，显然这首歌离你更近，更属于秦岚的内心，这句歌词“一旦我决定了前往，微笑像向阳花”，是不是就是你的心声？

秦岚：对。

田歌：我觉得你过去的创作轨迹和人生轨迹，真是决定了以后就勇往直前，我能觉得你是一个很有规划的人。

秦岚：其是我是一个特别随性的人。

田歌：出专辑你是随意而为吗？

秦岚：其实之前有很多次机会可以出，可是我一直都觉得我自己没有做好这个准备。我觉得可能唱歌是特别个人的，完全表现最真实的你自己，那从前做演员的时候，你永远在塑造，在去演别人，那只有你一小部分，我觉得我需要更多的人生经历，再去那个舞台释放自己。所以在我二十四五岁的时候，也有人曾经找过我，我觉得好像这个年纪还不行。其实说实话，唱歌我不是专业的，我只希望去表达我对人生的一些看法，分享属于我的故事，唱歌可以跟大家分享更真实的我，没有任何角色的符号。

田歌：你没打算去跟歌星们抢饭碗？

秦岚：不要了，不要了。我觉得其实唱歌就是我的一种心愿，想跟大家分享我的一个故事，或者内心的情感，如果能够遇到我的知音，我会很珍惜，如果我的歌中能够有他们的故事，我会觉得特别的开心。

田歌：我同意你刚才的话，演了那么多角色，其实都是在演别人，唱歌更接近自己，更真实一些。但是这个决定你拖了将近十年，那你是一个有想法就要去做的人呢，还是一直在琢磨、选找，找不到最好的点、找不到最好的理由你就不做的人呢？

秦岚：我是一个挺按自己的兴趣出发的人，所以我很感谢我的经纪人，他能够很现实地帮我想很多的问题，他老说你跑偏了，很感谢他能帮我掌舵。我可能也不太想让自己总是做那种没有准备的事情，但是我会发现很多事情都是没准备你就去做了，就好像我没准备好我要做个演员，没有准备好要接这样那样的角色，就是在一念间，就去做了。

田歌：其实有的时候冲动是很可贵的。

秦岚：虽然有的人说它是魔鬼，有时候也是你人生的天使吧。

田歌：你的歌词里说到向日葵，在生活当中，或者说在未来的家庭生活当中，你希望你自己是太阳呢，还是希望自己是向日葵呢？

秦岚：向日葵吧。太阳虽然很温暖，但是它太灼热了；向日葵会给人一种温暖的感觉，但是它又是果实，可以跟大家分享，我挺喜欢做有分享的事。

田歌：可是向日葵是围着太阳转的。

秦岚：也是……但是如果有一天你选择要有一个家庭，那个时候可能不由自主地你就会围着你的家庭转。

田歌：你的感情就是从爱情转到亲情了，这是你想要的情感状态吗？

秦岚：有点可怕。女人是不是都喜欢恋爱呢？当然每个女人都希望恋爱是有结果的，那家庭是每个女人心中都很向往的一个最终的港湾。

田歌：表演其实就是你的一个职业，是你在这社会上生存的一种手段，但是回归到一般生活中，你就是个普通的女人。

秦岚：对。

田歌：其实当演员挺不容易的，所以有人说“干得好不如嫁得好”。你同意这句话吗?

秦岚：我不完全同意。“好”，从字面上分析是一个“女”字一个“子”字，我们可以分析是男跟女，我希望是能够齐头并进，就好像“女”字跟“子”字它们是齐头并进的，才是真正的“好”。当然我也不排斥那些嫁得好的，我非常祝福她们。但是我希望作为女人的我，也有自己的天空跟属于自己的舞台，我可以在工作中让自己成长。我从工作到现在，一直都是需要自己去劳动才有所得，我觉得这样很快乐，让我感觉到充实，让我感觉到除了有爱情，有两个人的世界，我还有另外一片天空。

田歌：如果说现在在感情和事业当中让你选择一项的话，你会选择哪个呢?

秦岚：好残酷啊，这个问题很难回答，如果一个苛求我只能要感情不能要事业的男人，我会选择放弃。我顶多会减量、减产，但是即使有一天我不做这个职业，我还会做其他的，我必须要有属于我自己的空间。

田歌：你对未来自己最理想的婚姻生活有设计吗?

秦岚：想过。我想有一个我很爱的男人，我们各自做着自己喜欢的事业，有两个孩子是最圆满的，不多也不少，最好还养了一群狗。

田歌：娱乐圈里你们每一个人的生活其实都不完全属于自己，属于大众，你们每个人的感情生活、悲欢离合对普通观众来说可能就是一个娱乐的因素，而对你们来说，每一次好和坏都会影响你们吗?

秦岚：其实以前最开始的时候有一些很难释怀，你会发现有一些不实的报道，有的夸大，有的根本就是无中生有。但是这么多年走过来可能也已经有了这样的娱乐精神吧，要被娱乐。你既然站在这个平台上，你就没有选择。所以慢慢你就会觉得过自己的生活，别人爱怎么说是他们的事，影响不到我自己，就够了。

【田歌谈艺录】秦岚谈到了“分享”，又谈到了“娱乐精神”与“被娱乐”，其实一个演员不管你怎样想，事实上都在做着与大众分享的事。而分享并不是一件一厢情愿的事，人家得乐于和你分享，你得演得好，才有真正的分享。能够被分享是一种实力与成功的证明，这也应该是“娱乐精神”的一个内核吧，为了分享，为了被分享。而“被娱乐”则需要一种襟怀，一个公众人物就是一个箭垛子，众矢之的。谁能杜绝悠悠众口呢？皇上也做不到。大而化之、一笑了之是了。

←

田歌：可是我们看到今年演艺圈里最轰动的事件之一，金童玉女的美好婚姻现在变得非常不堪，让人替这段感情着急，替男女主角着急，你们这时候会设身处地地想自己吗？

秦岚：其实这样的事件，其他行业也都会发生，想处理好，做到面面俱到，真的很难。我觉得自己心里面其实也挺忐忑的，你要说一点想法也没有是不可能的，但是尽量让自己约束自己，让自己能够在把持跟坚持之下做到最好吧。

田歌：看来你对这种情感的分分合合已经有一定的准备了，心理上有一定的承受力。但是如果有人告诉你，其实婚姻就是忍，或者再告诉你，婚姻就是忍无可忍，你还敢迈进婚姻吗？

秦岚：这突然让我想到了吕后，吕后就是一个这样的人，所以拍完那个角色之后让我看到了很多从前没有看到的，望到了更远。我觉得有一些时候就是这样的，人生本来就是忍，人生本来就是一忍再忍，所以婚姻我觉得跨出那一步，谁都不敢说结果是什么，如果真的有这样的勇气就去做吧，别管结果了。

田歌：勇敢，这个事你还没有去享受就被吓回去了，有点太不值了。

秦岚：就更提早地面对现实，我觉得没有什么不好的，不要永远把自己笼罩在一种朦胧的世界里面。本来社会就是这样的，首先你要做好各种的准备，当然你也不能怯懦，你要任何的事往不好的方面去设想，但是任何事情都要往最好的方向去努力。

胡军

把形象当作资本，你就走到头了

田歌印象

一提起胡军，你脑海里首先浮现的是一个什么角色？是《东宫西宫》里的警察小史，《天龙八部》里意气风发的乔峰，《楚汉风流》里的孤胆英雄楚霸王，还是《十月围城》里的反派杀手阎孝国？是荧幕上的英雄硬汉，还是杂志里的时尚型男？

也许这些角色你都想到了，但你却想象不到现实生活中的胡军其实只是一个貌不惊人、向往平淡、喜欢顺其自然的邻家男人。他的这种魅力完全得益于内在的一种成熟男人风范，不光彩夺目，却充满阳刚之气。这或多或少与他出生于音乐、演艺世家，多一些艺术熏陶有关。

无形之中，胡军的身边总有一种气场，或霸气，或豪爽，但这次深度对话之后，我却发现这个一米八五、一脸正经的胡军，其实也有点幽默、狡黠。在家里，胡军不仅是一个听妈妈话、听老婆话的小男人，还是一个最最听女儿话的居家好爸爸。现在的很多演艺明星都喜欢把自己的生活、工作全副武装，不容别人私窥，可胡军却恰恰相反，他经常大秀自己的幸福家庭，而且有问必答。

如此，他毫不避讳敏感的名利问题，毫不避讳圈子里的各种现象，也就不足为奇了。这是一个让人愿意走近他、靠近他的男人，这是一个你完全不陌生却不从容的男人的世界。

尿爸爸、好丈夫、乖儿子

田歌：胡军的事业风生水起，有很多和你同等级的演员把自己的私生活都盖得很严实，大家对他们的私生活就格外有兴趣，格外地想问。唯独你，我不止一次地在媒体上看见你大秀幸福生活，我用“秀”你能接受吗？

胡军：也不是秀，全都是各大媒体逼着我说，他一问我就回答。

田歌：我看见《时尚杂志》给你和你的孩子拍的照片，非常甜蜜和幸福，他们也是逼着你去拍的吗？

胡军：我先征求了我女儿的意见，我说：“九儿，有一个杂志，他们想邀请你和爸爸一块去参加杂志的拍摄，可以吗？”她说：“让我想想。”然后就去上学了，上完学回来，我以为她把这事忘了，就问她：“哎，早上起来提那事你想了没有？”她说：“想过了。”“去吗？”“去吧！”就这么着去了。

田歌：女儿的话很重要吗？

胡军：很重要，对于我而言，女儿的话有时候比我老婆的话还要重要。

田歌：有人特别羡慕地告诉我，胡军在剧组里工作的时候每天都要给他妻子打电话，你问问他，他是真给他妻子打还是给他女儿打？

胡军：吴芳同志，就是我妻子，是一个很难得的桥梁，我跟她说了一些话之后她会自然地把电话给我女儿。我们每天都会谈话，现在已经变成一种习惯了。

田歌：你在家里面是一个什么样的爸爸？

胡军：特尿的爸爸。

田歌：特尿？

胡军：对，因为我常年在外面拍戏，不像她妈妈能一直陪在她身边，所以我见女儿的时间会很短，自然不自然地会有一种愧疚感，就是总觉得欠她什么，所以也自然不自然地开始对女儿产生一种溺爱，虽然我的理性告诉我这样不对，但是我还是控制不住，没办法。

田歌：那你想在女儿的心目中树立一个什么样的形象？

胡军：首先是一个好爸爸的形象，而且还是一个负责任的男人的形象。这样对她以后不管是走向大学，大学毕业以后走向社会，我觉得只有好处没有坏处。

田歌：等有一天你女儿长大成人，你作为父亲对她说一些人生的话题的时候，你会跟她说什么？

胡军：现在真不敢对他们说什么话，因为他们现在太聪明了，真的，他们会的又多，看的又多，知道的又多，问为什么的东西也比以前要丰富得多了，很多东西我们都回答不上来。所以说对于女儿，我希望她现在在这个阶段和以后在上学的阶段茁壮成长、健康成长就行了。

田歌：我认识一个很著名的新闻人，他希望他女儿未来一定要爱音乐，为什么？他说："在未来的生活当中许多你爱的东西都会离开你，可是音乐不会离开你。"如果要让你的女儿爱一件事物，你想让她爱什么？

胡军：爱音乐固然重要，我觉得最重要的是爱自己，你只有真正地爱自己、珍惜自己的时候，你才能珍惜身边的东西和你学会的东西，所以我觉得爱自己才是最重要的。

田歌：那你是一个什么样的丈夫？

胡军：好丈夫。

田歌：你看你在银幕上扮演的很多英雄，都是高大、帅气，虽然有的时候有些鲁莽，但是又不失柔情，再加上在做访谈节目的时候又能感觉到你的那种豪气，总的来说觉得你是一个挺有安全感的男人，所以有些女性观众就会情不自禁地喜欢上你。你这么高调地展示幸福生活，是为了抵御别人对你的喜爱吗？

胡军：没有，这我真是没有拐弯想这么多。我觉得其实生活是自己的，每个人和每个人的很多东西，比如说家庭背景，全都不一样，但是我觉得比如说当别人问到我："胡军你结婚了吗？"如果我要是说"没有啊"，我会觉得有问题，一个男人，一个负责任的男人，不应该这样。当然每个人的性格不一样，像我就是直来直去的，没有什么遮着的。

→

田歌：一个家庭的幸福其实主要取决于这个男人的状态，对吗？

胡军：也不是，不完全是。我觉得革命分工不同，真的。按老人的话说，男人在外面挣苦

【田歌谈艺录】"很男人"似乎是当下对男人的一种最高评价了，其实无非是对现在许多男人的"不男人"的一种反讽。爱默生讲过，男子汉的本分是迸发太阳，意思是说男人当有阳刚之气。但现在的男人故作女态的太多了。还有胡军谈到的"一个负责任的男人"，男人的本色应该是一种"担当者"，得有一点男人的丈夫气概，而不能苟苟且且、小小气气。得像一头狮子，有点雄风，而不能像猫，猫虽然和狮子也很像，但永远成不了狮子。而且时代变了，猫也在变，你看电视片中的那些名猫都怕耗子，都被老鼠耍，挺悲哀的。我们的时代实在需要一种狮风虎气来振兴，男人女人都有一种自强的责任。

钱，女人在家里守钱。如果我的大后方没有那么一个安定的家庭，我也不会全心全意地、完全放心地进行所谓的事业，所以我们是相辅相成。

田歌：在银幕上是一个英雄，在家里面是一个好丈夫，是一个㞞爸爸，但是我看了你的访谈以后我真的对你妈妈肃然起敬。你成名以后，你妈妈跟你说要夹着尾巴做人，是吗？

胡军：对，因为我的家庭比较特别，我父亲还有我大伯，他们都是很著名的歌唱家，他们有过他们自己最荣耀的一个时候；我母亲过去也是做电影业的，所以她很明白那个时候演艺圈里怎么回事。所以当我刚刚有一点名气的时候，我妈就跟我说："胡军，首先做人要善良，第二要夹着尾巴做人，不要以为你作为一个演员有什么了不起，其实比你好的人多得是，只是你抓住了机会，别人还没有碰到。"我一直记着我妈说的这句话。

田歌：所以妈妈爸爸的言传身教对你的成长起到了某种作用，是吗？

胡军：很有作用，我从小看着父母怎么为人处世，到后来对我待人接物、做出某些判断都是有直接的影响的。

评奖就是个游戏，可以玩，不可以晕

田歌：你的好朋友说你是清醒的现实主义者和隐蔽的理想主义者。什么叫清醒的现实主义者？

胡军：一个人在面对环境的时候，首先要认清自己的位置，而在一个行当当中，你还要认清楚你这个行当到底是什么样的一个感觉，什么样的一种氛围。其实我们演员这个行当就是身处于名利圈，有了名才有利，这是很特殊的，不像做商人，我有了钱怎么样，演员不是这样的，你再有钱，如果观众不认可你，那也没有用。

→

田歌：你今天所处名利圈中，你最看重的是名还是利？

胡军：我都看重，真的，有了名你才有利，这是肯定的，我觉得没有必要去避讳这个问题，你的名越大，你的利也越大。

田歌：当你第一次获奖，在威尼斯因为《东宫西宫》获奖的时候，张元导演很激动地从遥远的地方给你打电话告诉你获奖了，你居然说："有奖金吗？"

胡军：对，是。

田歌：那个时候你就开始要利了？

胡军：那个时候中戏刚毕业没多久，一个月工资160多块钱。当时张元给我打电话说得了最佳男主演了，我说："真的？有奖金吗？"他说："没有。"我说："你呢？"他说："我有。"太不靠谱了这个。那个时候太穷了，当然也有半开玩笑的成分。

田歌：我觉得你当时实际上是很高兴的。

【田歌谈艺录】把理想埋在心里，把两脚站稳在现实的土壤上，是最聪明的人。老人们讲"叫唤雀儿没肉吃"，成天喊口号、耍嘴皮子的人肯定成不了什么大气候。猪八戒可以用嘴在一大堆烂柿子中拱开一条路，但世上的高楼大厦，哪一座是靠嘴拱起来的？

胡军：其实当时获奖确实很高兴，但是这个奖项对于我而言没有概念，你获个奖又能怎么样呢？又不当吃又不当喝的，对于刚从中戏出来的人我觉得没有什么太大的概念。

田歌：你现在对获奖有概念了吗？

胡军：有。

田歌：那在世界范围内，可圈可点的奖项你最想得的是哪一个？

胡军：我觉得世界各大奖项都有它的存在价值，但是我觉得这都是一个游戏，是个大游戏，你是去玩游戏还是被游戏玩，这就看你自身的悟性了。

田歌：你打算去玩它吗？

胡军：有机会就玩一玩，但不要晕在里面，比如说这次你田歌得了一个奖，只是表明你在这个电影里面，在最近的工作里面表现得好，它并不代表以前更不代表以后，它不是一辈子的事情。你干这个事情，比如说你拍一个片子，就是为了获奖，那你太小儿科了，而且像这种东西是你无法把控的，你不知道最后拍出来的东西观众是喜欢还是不喜欢。所以从那以后，不管是拍戏剧也好，拍电视剧和电影也好，我更在乎它整个的过程，这是让我最享受的东西。

田歌：还有一面是隐蔽的理想主义者，为什么要隐蔽呢？

胡军：这就是我最低调的地方，还是身处这个环境当中，演员跟演员不一样，对于我自身而言，很大一个不一样的地方是自我保护意识和保护的方式方法是不一样的。

田歌：你的理想是什么？

胡军：做更多的事，然后让生活更美好。

田歌：清醒的现实主义者和隐蔽的理想主义者，我觉得这是你保护自己的一种生存方式，这种生存方式你是什么时候选定的？

胡军：这也是在社会上摸爬滚打了多少年以后，认清楚自己该怎么样面对现实，再加上我母亲说的那句话，一开始我觉得那只是一个教训，后来越来越体会到我母亲说的确实是很对的，把自己放下来的时候才能走得更踏实。

有些角色不敢碰

田歌：其实你扮演的多半是古典的英雄形象，可是你现在是以时尚型男而著称的，从你个人来说你更喜欢带有古典优雅气质的男性呢，还是喜欢时尚型男的气质呢？

胡军：说句实话我喜欢古典的，因为我没有经历过，我可以在演戏的过程当中去经历他，然后把自己对他们的理解放进去，在生活当中你表现不出来的可以在电影当中、在电视剧当中表现出来。

田歌：你也扮演过儒雅的男人，比如说像电视剧《画魂》里你扮演的潘赞化，也扮演过《一江春水向东流》里那样的知识分子形象。你觉得你更适合扮演哪一类的？

胡军：《天龙八部》确实是我比较认同、观众也很认同的一个角色，但是他是杜撰出来的，虽然他是一个大英雄，身上没有缺点的一个大英雄，但是从某种角度上而言并不是特别真实。而我更喜欢我所扮演的另一个角色，就是项王，我更喜欢那个楚霸王，他是一个千疮百孔的英雄，所以他真实。从古至今向来都是胜者为王败着为寇，只有项王打破了这种说法，只有他一个人虽然败了，但千古传下来到现在他还是英雄。

光荣绽放
GUANG RONG ZHAN FANG

胡军在谈话节目现场

田歌：你是说你喜欢有一些波折感的英雄？

胡军：我觉得我喜欢真实的英雄。其实我不管接任何一个角色，比如说乔峰也好，项羽也好，我都会把自己扔在里面。

田歌：你老在银幕上扮演那种特别顶天立地的男子汉形象，我觉得你要揣摩这些男人形象，应该把他们理解得特别立体，你觉得这些顶天立地的男子汉最脆弱的是什么？

胡军：最脆弱的就是内心。再硬的人也有他最柔软的地方，如果一直刚正不阿的话这个东西会断掉。

【田歌谈艺录】最高傲的人也许内心最自卑，最刚强的人也许最脆弱。每个人都有自己的阿喀琉斯之踵。如果一个人只有一个侧面，那他不是神圣，便是精神病患者。

←

田歌：这些人物谁离你最近？

胡军：我觉得他们都离我很近，是因为我离他们近，比如说我胡军如果是乔峰的话我应该是什么样的？我胡军如果是项羽的话应该是什么样的？你可以把你生活当中的东西跟他们贴在一起。

田歌：说得好！你觉得你所演的这些角色哪一个是最失败的？

胡军：有，真有，但是我不能告诉你。

田歌：我知道你是一个好面子的人。

胡军：谁都好面子，演员都好面子。

田歌：为什么你明明知道自己某一个角色是有薄弱的地方的但就不能说呢？

胡军：不是，演员不是万能的，有些东西你是不能碰的，比如说比较含有专业性的东西，你自己没有学过的东西，你不了解的东西，比如说像京剧、戏剧，我不能碰，因为我觉得首先我很尊重它，第二我不会。如果只是拿姿拿势，我觉得我内心会很虚。

→

田歌：真的，胡军你的这一番话真的让我对你肃然起敬了。你有没有注意到，现在很多的演员明明已经五十岁了，还去扮演二十岁的人，他完全不顾观众的痛苦，好像观众不知道似的。我已经发现很多演员完全不适合这个角色，但他照样去演，我认为他们完全没有把观众放在眼里，以为观众没有历史背景，没有历史知识，不知道什么叫合适，什么叫不合适。

胡军：是，我觉得你说的这个要分从哪一个方面去看，比如说这个戏让观众看的是这个人物从年轻到年老的故事过程还是看他自身的一种形象。说实话演员在某种情况下确实很不容易，正如你所说的，其实我们自己也有顾虑，比如说你现在让我演一个中学生，这不靠谱，戏再好我也不能动。我们对自己

【田歌谈艺录】对于演艺人而言，有些角色确实是不能碰的。许多演员总是爱谈挑战自我，突破角色的“被定型”，其实未必。让李雪健去演一个流氓无赖，让唐国强去演一个乞丐瘪三，让孙红雷去演一个白面书生，让斯琴高娃去演林黛玉，无论如何是不行的。不是说他们就演不好，而是观众不答应、不接受，会倒胃口、会骂娘的。天生我材必有用，并不是什么都能用、都可用。不是“被定型”，自己得有自己的一个定位，如果让葛优去演包青天，那就闹死了。有的是必须突破，有的是没必要的。

的年龄有一个宽容度，比如说我今年四十了，让我演一个三十多岁的人，这是可以的，通过化妆，通过你的表演技巧，你可以回到那个年龄段。

突破自己不如发现自己

田歌：如果现在有一个导演要请你去演一个角色，说胡军你来试一段戏，你还会去试吗？

胡军：这话你问得真好，真是，其实像我们这个年龄段的人，就是所谓的已经干到了一定所谓的分儿上，当导演让你去试戏的时候你可能脸面也会掉，会下不来。其实我觉得这是不对的。

田歌：但是你现在依然也不愿意试？

胡军：我觉得这事还是得分人。如果你欣赏一个导演，我觉得可以，没有问题。

田歌：所以说我觉得你还不够夹着尾巴做人。

胡军：我觉得夹着尾巴做人的概念不像你说的这种感觉，说自己很高傲，很高调，不是。演员跟演员之间是不一样的，演员彼此之间都有一个自我保护的措施存在，其实演员的内心很多东西是很脆弱，尤其是一步一步走到今天，特别是我觉得现在的年轻人比我们那个时候更困难，像我中戏毕业以后直接就分到北京人民艺术学院，在戏剧舞台上我等于是一步就跨入了那种殿堂，所以人的起步很多东西是不一样的。

田歌：你们那个圈子里面经常有这么一句话：要想演好戏，先得做好人。你怎么理解这个“做好人”？是做一个刚直的人，还是做一个八面玲珑善于交际的人？

胡军：这也分人，跟人的性格有关系。我觉得我很多东西就是直来直去有什么说什么，但是在拍摄现场的时候你首先得明白你自己是一个什么位置，对于我而言我就只管我演员这方面的事情。

田歌：我记得你刚从中戏毕业出来的时候觉得自己是天之骄子，然后到了人艺却老没有你的戏，你很受挫伤。

胡军：很受挫伤，那个时候年轻嘛，年轻气盛，年轻气傲，觉得自己是学院派，什么都可以担当，什么都可以拿来就怎么样的，到了人艺之后才知道，比你好的人多得是，其实你真的不算什么。我那个时候是慢慢地从最底下开始做起。

田歌：你觉得一个演员他身上是不是应该有一些年轻气傲的东西？

胡军：应该有，所以说那个阶段我并不后悔，人是分阶段性的，那个阶段你必须要做那个阶段的事，必须要接受那个阶段给你的好与坏的所有的事情。虽然那个时候我很痛苦，但现在想起来也是一种满足。其实我有一点比较庆幸，那个阶段让自己提早变得更清醒。

田歌：你肯定不是那种一夜成名的人。

胡军：对。

田歌：像你的同学很多在中戏就成名了，而你还到人艺跑很多的龙套，然后演了很多的角色。

胡军：他们很幸运，我也很为他们高兴。

田歌：你是说早成名的好是吗？

胡军：早成名没有什么不好的，最重要的是人家早成名到现在还很知名。晚成名有点累，这路走得……但是还好我特喜欢演戏这个行业。

田歌：其实我觉得早成名不好，你以后怎么去突破呢？早成名阅历积累都不够。

胡军：这一点我可能不大同意你的说法，为什么要突破自己呢？我一直认为在你自己所谓的突破自己的同时也在否定你自己。我觉得演员最重要的是发现自己，发现完了以后能够有更好的手段、更聪明的意识去发扬自己。其实人也是有很多面的，比如有人说胡军只能演硬汉，我很不同意；有人说胡军只能演英雄，我真不同意。其实我一直在尝试着，比如说这些年我拍的一些戏，我一直在尝试着不同类型的角色。其实我觉得演员一直处于一个发现自己的过程。

田歌：你没有注意到早成名的一些演员现在都处在一个窘迫的创作道路上吗？就是媒体也好，自身也好，导演也好，都在给他们一个目标或者是压力，这就是早成名的代价。

胡军：那可能是他没有抓住他成名的机会，有些演员像昙花一现一样，他成名了，但是从此以后他后面的路他没有延续下来；有些演员，花虽然开得早，但是他坚强，人家属于雪莲级的。

田歌：你是属于什么级的？

胡军：我还真不是花，我属于草。

田歌：你觉得你作为演员最沾光的是形象还是戏好？

胡军：形象我称不上英俊，但是还是挺有性格的，真的；至于戏，我一直在努力地要求自己，没有让自己掉下来。所以形象跟戏我都占了——真不像话，没有这么说自己的，你逼着我，非得让我说。其实每个人的形象我觉得都挺特别的，并不一定形象好就有戏接，我觉得男演员、女演员都一样，当把自己的形象当作资本的时候，这演员差不多就该走到头了。

一直往上走就意味着我在成功

田歌：你现在当制片人了，当你成为制片人的时候，你追求的是什么？

胡军：追求的是更多的参与，在现场说话算话了，比如说你这个头盔不对你得赶紧换，你这个马鞍上的东西不行，有穿帮你得赶紧换。那是演员该管的东西吗？不是。当你有一点点权力的时候，你就可以指出来这儿不对那儿不对，能不能那样能不能这样。

田歌：就是说你对整个制作有责任感了。

胡军：我一直想，只要是我参与的戏我一直有这个责任，后来我慢慢觉得是不是我管事太多了？其实这表明我对这个戏的热情，我很在乎这个。

田歌：你当制片人，是希望提供给社会一部有思想内容的作品，还是希望它在票房上值得赞赏、喝彩呢？

胡军：其实拍戏我觉得没有那么严重，像关锦鹏曾经跟我说过，导演没有什么了不起，但是它是一件严肃的事情，是一件可尊重的事情。其实电影给予观众的很多东西都是潜移默化的，仁者见仁，智者见智。同样一首歌，同样一首音乐，每个人听到自己耳朵里，反映出来的东西根本就不一样，所以你干吗要去教育他们呢？根本不用，观众的眼睛是雪亮的，对不对？

田歌：其实我觉得一个制片人和一个演员的市场关注角度是不一样的，一个关注的是我这个能不能赚钱，一个是我创作出来的人物能不能被认可。在你的人生当中最昂贵的是什么？

胡军：这事有点太难了，其实人生很多昂贵的东西，它不是生命、金钱，我觉得最昂贵的是信仰。

田歌：据了解你是和香港演员合作最多的内地男演员之一，你觉得他们是看上你什么了？你这种硬朗形象香港少有？

胡军：他们曾经提过，北京大汉可能他们那边比较少见，其实内地很多，真的是很多，只是因为我有一个机会跟他们去接触，然后跟他们去拍戏。

田歌：你是不是也是一个很善于跟导演交往的人？

胡军：你要学会这个。

田歌：一开始有不行的时候吗？

胡军：没有，我觉得你只要很善良，不要去害别人，不要跟人家拐弯抹角，就可以。其实我觉得北方人那种直来直去的性格挺好的，很多路你没有必要弯弯绕绕地走到那个点，你一直过去也就到了。

田歌：你是不是那种死要面子活受罪的人？

胡军：我这人就强，特别强，确实有点死要面子活受罪。

田歌：工作中也是这样吗？

胡军：工作中我觉得越实际越好，面子在工作中有时候可以忽略不计，只要别人给你提出来的是好的，我觉得就可以接受。比如说我在演戏的过程当中他说胡军你不好，我说怎么不好？他说你那样可能会更好，然后我脑子里面一过，有道理，我就会按着别人说的去做，我觉得人家是为我好，我干吗要拒绝？那个时候死要面子才真叫活受罪。

田歌：如果把演员这个队伍分三个层次，演员、明星、艺术家，你觉得你现在在哪一个层次？

胡军：我一直想当一个演员式的明星，演戏是我最基本、最根本的东西，但是我也要进入明星的行列，并不是因为要顺应潮流，而是为了让我更好地做演员，让更多的人去认识，让更多的人去看我的戏。做了明星，我的基础还是演员。

田歌：你最终想走到什么境界？

胡军：我没有规定，也经常有人问我："胡军你觉得什么样的时候，你走到哪一层次你就成功了？"其实我一直在走，我觉得只要是一直往上走，不管坡的大与小，只要是一直往上走，就意味着我在成功。当你自己给自己定一个目标的时候，我觉得一是很不实际的，二我觉得是很傻的。反正只要埋头干就行了，干到自己觉得干得差不多了，干不动了，甚至有一点疲惫的时候，就停了。

→

【田歌谈艺录】很多现代人都爱谈什么"人生规划"，我不反对有一个目标，但有时候一些不切实际的"规划"是很害人的。我很赞成胡军的说法、做法，你只要一步步向上走，便自然有它的高度；只要一步步向前走，便自然会有一种远大。高度是爬出来、垒出来的，远大是干出来、走出来的，不是看出来、说出来、想出来、写出来的。

许晴

不老甜姐儿的优雅范儿

田歌印象

她是一位非常可爱的小女生，虽然她坦然公开自己的年龄。化妆间里她甜蜜地称呼着我，一下子让我觉得我们完全没有距离感，而且她非常喜欢撒娇，居然在探讨台本的时候跟我撒起娇来，顿时我都无所适从，感觉眼前这位神秘低调的“隐形一姐”亲和力太强大，我顿时爱上了她。她就是许晴。

都说她是美女，其实我也知道，而且我在周围调查一下，发现她是属于那种老少皆宜型的。作为女人，我喜欢她身上散发出的那种独有的女人味；作为媒体工作人员，我非常欣赏她的淡定和低调。在大家眼中，她似乎不会衰老，她永远是有着可爱酒窝的甜姐儿，她一直是柔情似水的古典美女。但许晴却坦承自己非但没有那么温柔，反而却有点男孩子脾气。她是一个直来直去、随性而为的人，她笑得灿烂，哭得也灿烂。也许正因为这种心态，所以她可以一直优雅下去。

小时候，她还不是古典美女

田歌：别人问我说："你要采访许晴，许晴她那么美，你会嫉妒她吗？"我说："我为什么要嫉妒她呢？你仔细看她可能有点羡慕她，因为她那种美，她的女人味，是从骨子里散发出来的。"

许晴：可是我最没有女人味。小时候我是外交学院的小孩子头儿，小朋友们都喜欢找我玩，我有一个好朋友，我还没有睡醒他就会到我们家来敲门，他会很拍马屁地说"许晴姐姐的袜子都是香的"，就为了让我带他玩。

田歌：这个故事太可爱了，从小就有人拍马屁，但是真是想不到，我感觉你应该是个小跟屁虫，没想到你还是个孩子头儿。

许晴：所以我觉得会让大家失望，以为你那么温柔，没有想到你原来是一个"小男孩"。

田歌：许晴的面孔告诉我你的童年很快乐，一个快乐的童年对这个女人重要吗？

许晴：我觉得至关重要，因为这决定了她以后的路怎么走，她的心态，她的健康，我觉得身心健康是最重要的。

田歌：小的时候有人跟你讲这个吗？

许晴：没有，我是姥姥带大的，她没有说教，只是用她的一举一动让你看到，她那么去做你就会去爱她，所有的人都会去爱她，耳濡目染的，你就自然而然会想成为她。

田歌：你是北京姑娘，也说自己有小男孩脾气，但是在你身上真的很难看到北京姑娘的味道，比如说不够泼辣，显得过于柔情似水。

许晴：其实我很真性情，我一定会看重我自己内心的感受，其他外在的我很不在乎。我知道我想要的，我想跟我喜欢的人做我喜欢的事，这个是我一直遵守的，所以我没有压力。我想说什么就说什么，想做什么就做什么，我想停下就停下，想前进就前进。

→

【田歌谈艺录】好人不需要一辈子都为了别人的眼睛和嘴巴活着。因为人的两眼都是一眼高一眼低，人嘴两扇皮。只要自己正，自己活得充实，仰不愧天，俯不怍地，扪心自问，无损良知便足够了。走自己的路，让别人眼馋嘴痒去吧！

田歌：那你想要什么？

许晴：好好拍我的戏，我喜欢塑造角色的过程，其他的最好不要来找我。

田歌：这是当演员以后了，小的时候呢？

许晴：我最想卖冰棍。小时候总有一个老奶奶推车出来卖冰棍儿，我学会说的第一个字不是妈妈爸爸，而是“棍儿”，因为一直都在听“冰棍儿、冰棍儿”。

田歌：想卖冰棍是不是因为自己想多吃点？

许晴：对，我很贪吃，很贪凉，所以也注定我现在的胃不太好了。爸爸妈妈太宠我，因为我从小跟姥姥长大，爸爸妈妈周末才来看我，爸爸一给我买冰棍儿就买20根，然后我一口气就都吃了。

田歌：小时候有过喜欢的男同学吗？

许晴：当然一定有。我的同桌，他功课很好，人很腼腆，我们隔段时间要重新分配座位，换了一个男生在我旁边，他坐到我前面，我就跟男生多说了几句话，他就把我送给他的铅笔还给我。那个时候我才明白他会生气。

田歌：如果他被别人欺负了怎么办？

许晴：我会很心疼。

田歌：你会帮他打别人吗？

许晴：并没有发生过，但是我想到那一刻我应该会动手。

田歌：你小时候有什么缺憾吗？

许晴：我就希望我有一个哥哥。

田歌：为什么呢？

许晴：我有一个姐姐，姐姐离我蛮远的，她15岁就参军了，之后去日本读的大学和硕士。我当时就希望有个哥哥在身边，因为小时候有很多男生，总是放了学会截住你，其实他们也没有什么举动，只是会叫你，然后看你那个小样子。我最担心的就是我下学到家的那段路，经常会有人。

差点消失的小酒窝儿

田歌：如果从表面上观察你，肯定看着看着就会被这两个酒窝给吸引了。酒窝会不会影响你塑造角色？

许晴：其实我做过一件傻事，拍《大清风云》的时候，我演孝庄，我想孝庄一定没有酒窝，我就去问医生，能不能把酒窝打掉。那个医生说可以，可以限制它没有，但是四个月还是半年就回来了。然后我就找了医生打了两支针。这是我做的唯一一件傻事情。

田歌：真打掉了？

许晴：对，但是打掉了感觉很尴尬，我觉得不是我了。

田歌：其实我觉得属于自己的就是最美的。

许晴：但是这个就像你说的北京姑娘，胆子很大，你根本不知道会发生什么，万一回不来了呢？当时想得很简单，就是为了孝庄这个角色，我希望能够让大家看到一个不甜的许晴。

田歌：你觉得孝庄应该更有心计一些？

许晴：对，孝庄是我第一次塑造一个大家都知道的人物。

田歌：那个角色我看过，一般你的角色都让我觉得很真挚，很甜美，但是这个角色让我感觉到你的那种冷静，甚至有的时候可能还会有一些心计。

许晴：我很喜欢这个角色。

田歌：你觉得大家是关注你塑造的角色呢，还是关注许晴呢？

许晴：我为什么喜欢孝庄？就是觉得孝庄以后大家一定关注我的角色。因为我之前拍的戏全是情感戏，虽然也接到过很多很好的剧本，但我都拒绝了，因为我觉得太复杂，我不可能驾驭，我也不会去享受塑造这个角色的过程，我享受的就是爱情的角色，我所有的角色都是爱情的。孝庄应该是我演绎生涯里的一个里程碑，然后就是阿庆嫂了，之后我的胆子就很大了，我就解放了，我觉得我可以去塑造角色了。

田歌：你演的角色很多，而且我注意到全部都是女主角，你是告诉我们，女配角你不会演吗？

许晴：我会演，只要这个角色好，能打动我。

田歌：从来没有女配角来找过你吗？

许晴：还真没有。

田歌：你演的爱情角色偏多，美少女偏多，到后来就会觉得越来越有个性了，但是说实在的，最让我意外的还是宋庆龄。

许晴：为什么？

田歌：这个角色她早就活在亿万中国人的心里了，而且她是国母，我很难和许晴联系上。一开始知道她演的时候会觉得现在的演员胆儿真大，什么都敢演，但是在看过她的表演之后，觉得许晴演得一点都不勉强。你觉得你所演的这么多角色哪一个是离你最近的？

许晴：佟楠楠。我们都经历过16岁，16岁时最可爱、最闪光的地方，可能那个时候我们并不清楚，但是经历过了以后才知道。所以佟楠楠让我重新活了一遍，让我解放了天性，我重新从16岁开始一直活到我妈妈的年龄。拍完以后我就觉得好像我的天地更宽广，我会更快乐、更宽容。

田歌：佟楠楠是一个贯穿了将近半个世纪的角色，她的情感非常波折。

许晴：对，她情感波折，我情感也不平。我觉得她的性格像我，她的那份天然，她的那份无畏，她的那份坚守，是我内心里面跟她最贴近的。

田歌：坚守，你会像佟楠楠那样用半生去坚守对一个人的爱情吗？

许晴：如果那个人值得我去坚守我一定会。

田歌：你所塑造的这么一个角色应该说是一生一个苦恋的结果。

许晴：对，她的解放哥是她从小就崇拜、欣赏的人，已经成为她的一部分，她的精神支柱，一直到他们最后的结果。但是其实那个时候结果已经不重要了，重要的是他们的过程，最痛、最爱、最甜、最苦的感受都有了，我觉得这就够了。而每段爱情也一样，可能两年、三年或者几个月，但是他们在这个过程中是美的，我觉得足矣。

田歌：我认为你是今天一线女演员中获得重量级奖项最少的，这是为什么？

许晴：其实我获过很多奖项，但是我从来没有去领过。

田歌：每次都不去领奖是为什么？

许晴：有些奖项是许晴你不来就给下一个，我说没有问题。如果你不去领奖就会给下一个，那么这个奖的意义在哪里？而且在那种场合我会手足无措。我觉得其实在塑造人物的过程中我已经完成了得奖，那个场合也不缺我这一个人。很多人喜欢那种场合，很开心很享受，能绽放他的美丽，我觉得很好，但是我在那种场合一定不会去绽放，一定会是很尴尬，那我就不去做。我想做我能够从容面对的事情。

田歌：很出乎意料，别人大概会觉得可能你是清高，也可能你根本没得奖，但是绝对不会想到你在这种场合会尴尬。

许晴：我觉得这是个性使然。在那种场合我找不到支撑点，我不知道应该坐哪儿，我不知道应该怎么说话，更何况我觉得那么多人在里面很开心，那我是多余的。

田歌：那也许不懂表演的人或者不深入研究的人可能就说：“许晴长得漂亮，但是不会演戏，你看她没有获过什么奖。”

许晴：肯定会有人这么认为，但是真正爱你的、真正会去关注你作品的人会知道她演戏是很投入的，会很喜欢。至今我没有拿一个奖杯回家，我想可能我

【田歌谈艺录】演艺界的奖杯与体育界的奖牌绝对不可同日而语。体育明星的铁证是金牌，是一秒不差、一分不少的好成绩。而演艺界的最高奖赏与证明，则是受众对你的接受与认同，别的并不重要。

看重的不是这些。

田歌：你最看重什么？

许晴：观众喜欢是最重要的。

←

想给我的他万千宠爱

田歌：在戏中你是一个勇于表达爱情的佟楠楠，在生活中你是主动追别人的许晴吗？

许晴：是别人追我，如果我接受了，我就会很热烈。

田歌：你说在爱情的过程当中你通常会很宠另一半。这简直是让我觉得太错位了。

许晴：为什么？我觉得女人都会宠自己心爱的男人。

田歌：可你这小样儿让我觉得你是被别人宠的。

许晴：大家都认为我应该是被别人宠，但是我觉得我应该有强悍的一面，我想我应该是母爱泛滥的女人。

田歌：你说过一句话是“做女人不能跋扈”，但是你刚才说在爱情上面有的时候会强悍，你觉得强悍和跋扈有什么距离？

许晴：跋扈霸道，强悍热烈。

田歌：未来你一定不找个公众人物吗？

许晴：我一定找一个简单的。到这个年龄，经历过了你会更珍惜最自然的就是最简单的，那么简单的生活其实是最自在的，这一点我是会坚守的。

田歌：那在你心目中最值得你把自己交给他的男人是什么标准呢？

许晴：真诚、健康。

田歌：这就可以了吗？满大街都是。

许晴：爱情确实是每个人的梦想，不是用概念能说清楚的，他真的来了，站在你面前了，你就没有条条框框了。如果你现在一定让我说，那真诚、健康、爱心、善心、童心……我可以说一大堆，等真正来了，有可能他真的什么都没有，但有爱情的时候那就有了，这个由不得你。

→

田歌：不需要才华，不需要财富吗？

许晴：我觉得才华和财富对于我来说没那么重要。

田歌：其实生活在今天这个社会，我觉得很多人都很自信，但是没有安全感。

许晴：我就是没有安全感，所以我现在没有计划谈恋爱。

田歌：但是别人会觉得你的每一段恋情中你都是舵手，掌握着节奏。

许晴：我想我是一个特别好的朋友，但是不一定是

【田歌谈艺录】只要是设定了“条条框框”，就不是在寻找爱；当你真正爱上一个人就什么框框都不存在了。情人眼里出西施，一个什么都好的人，你未必会爱上他，但你爱上了一个人，那他的一切便都成了好不好的标准。爱情不是用理性能说清楚的；说清楚了的，肯定就不是爱情了。抑或说在无意中变成了一种没有明码标价的交易。

一个很好的女朋友。因为我发现我做朋友的时候那么的宽容，那么的善解人意，可真正在爱情里面我觉得我特别的幼稚，特别的小孩，特别的不食人间烟火，就永远在为爱这个字吵闹，在争执爱多了爱少了。

田歌：现在很多人都觉得爱情最高境界就是亲情，你同意吗？

许晴：爱情最高境界是亲情？可能我还没有体会到。

田歌：我跟很多女人讨论过，只有一个女人跟我说："如果爱情是亲情的话，宁可不要这个爱情。"有的女人说："那就很好了，更安全了。"你觉得爱情就应该是爱情还是爱情应该走向亲情？

许晴：这个话题好大，对于我来说我觉得爱情就是爱情，爱情成为亲情我现在还不能接受。

田歌：所以许晴在我眼里还是蛮真诚的一个女孩。你在别的访谈中说过你和分手的恋爱对象都能够成为朋友，这句话很多人都不理解，没有感情了怎么还能成为朋友呢？

许晴：很难吗？我觉得很容易。在那个过程中大家都是真挚的，分开也是因为两个人没有恋爱的缘分或者婚姻的缘分，但是有做朋友的缘分。其实我一直在说，我们大家都只有两万多天，那么过好每一天是最重要的。你能够在这两万多天中遇上他，能够爱上，其实我觉得很不容易。

田歌：我很同意你的这个观点，你说爱上很不容易，但是我觉得爱上很容易，爱下去很不容易。

许晴：我正好相反，我是爱上很不容易，爱下去我觉得很容易。

田歌：失恋了你会怎么表现？

许晴：我不愿意见人，我愿意自己在家里面自己去体验。

许晴在谈话节目现场

许晴与主持人田歌合影

愿意优雅地老去

田歌：有的人说会撒娇的女人才是幸福的，有的人说有心计的女人才是幸福的，你觉得呢？

许晴：我觉得幸福应该是人生一种体验细节的能力，幸福感其实不是撒娇或者心计这么简单，我仍然觉得只要真性情就是最幸福的。

田歌：好像真性情的人都会吃一些亏。

许晴：吃一些亏并不代表你不幸福。

田歌：你拒绝别人的时候是直截了当地拒绝呢，还是委婉地拒绝？

许晴：我是分阶段的。二十多岁的时候会是直截了当的，其实很伤害别人，那个时候我不太知道我究竟伤害别人在哪里，我觉得我说了真话。现在我会圆滑一点，会说一些小谎言，比如说我不愿意去我会说我很忙，我觉得这样可能会好一些。

田歌：会撒一个善意的谎言。

许晴：对。

田歌：但是我觉得你“很忙”这个水准很低。

许晴：可以前我连这个都不会说，属于想掩饰都掩饰不了，特愣的那种，不想做就直接说我就不喜欢，我就不愿意，一点都不拐弯，完全就伤到人心里面去了。

田歌：大家通常认为漂亮的女孩都是空空荡荡的花瓶，看了一些你的文字就觉得，我的天哪，这是那个人吗？你是不是有很长时间在思考，或者在看书？

许晴：我独处的时间比较多，独处的时间多了就会让你思索很多。其实每个人有每个人的生活习惯，我喜欢一个人静静地独处——当然如果要旅行我会跟大家一起，我一定不会是自己一个人，一个人我会觉得很孤独。可真正自己独处，哪怕一个月不出门，我也觉得我满满的，我觉得我脑子里面全都是故事，我要做的事情更多。

田歌：我知道你很喜欢一本书叫《掌控灵魂》，为什么？

许晴：我觉得我一直在寻找同类，我想灵魂与灵魂之间一定是有亲情血缘关系的，当他们遇上的时候他们一定会认出来，认出来的时候是最大的快乐和幸福。所以我特别幸福的是，我有一些好朋友，我们都能去心灵沟通，能够去感受对方。这是我最最充实的地方，让我能够坦荡地去面对所有。

田歌：你从来没有让你很伤心的朋友吗？

许晴：当然有，特别是女朋友的伤害我觉得我特别接受不了，因为我们是一个性别的，我们是那么的相同，那么的懂得，为什么大家不能去珍惜？那伤心的朋友我就很干净地忘掉他。

田歌：你会觉得你让别人嫉妒吗？会想办法避免吗？

许晴：我觉得这是没有办法避免的，我觉得有尊贵灵魂的人一定会尊重别人的性格，那不理解的人，他一定会去亵渎，这个时候不是我能够去决定他的。我觉得都取决于他的眼光，他认定的东西我没有办法去改变，我也没有那么大的奢望让所有人都要喜欢我，我也要喜欢所有的人。我只是要求寻找同类。

田歌：你刚才说到尊贵的灵魂，我想可能每个人都希望有一个尊贵的灵魂，你觉得要做到这点难吗？

许晴：对于女人来说我想会容易一些，因为她可以真性情，她可以有属于她的一个小天地。男人我觉得难一点，因为他是社会的，他有那么多的使命感，那么多的不容易，那么多的限定，他们也想，但是未必能做到。

田歌：你觉得作为一个女人最重要的是什么？作为一个演员最重要的是什么？

许晴：我仍然说是真性情。如果有了真性情，他们就会很坦荡，他们就会很丰满，有很健康的灵魂，那么面对事情也好，面对人也好，他们都会很干净。

田歌：观众让我问问你，你为什么老是那么年轻？怎么保养的？

许晴：这个问题很多人都问我，我很坦白地说，我真的一点保养都没有。我想取决于一个心态还有一个习惯，就是我不熬夜，我没有那么多的活动，没有那么多的压力，可能这是一个原因吧。

田歌：你觉得女演员最怕的是什么呢？

许晴：最怕的就是没有好角色，还有女演员最怕老——但是我不怕老。

田歌：你不怕老？你发现自己有一道皱纹的时候你会什么感觉？

许晴：我也会"哎呀，我有皱纹了、有白头发了"什么的，但是我也只是撒一下娇就过去了。这是一定会的，每个人每个阶段你都要去接受的，你不能那么贪婪，到这个年龄反而要求自己要有16岁的身体状况，这是不可能的。

田歌：不过你好像真的没有皱纹。

许晴：我有，怎么没有。但是我觉得生命的每一个季节都那么美丽，不同的阶段你应该去接受它无可替代的那个部分。我为什么那么喜欢佟楠楠？就是16岁的时候，我没有感受到我16岁了，因为十七八岁开始上大学的时候，老师要求我们成熟，其实我们并不成熟，但是那个时候就说

【田歌谈艺录】一张钞票，你把它揉皱了，人们仍旧不会抛弃它，因为它有价值在。在这方面，西方心理学家做过实验。“自古美女如名将，不使人间见白头”，皱纹、白发都卷不去你在人们心中留下的美好。真正的艺术家是没有过气的，过气的便是匠人、戏子，而不是艺术家。人只要活得有价值，就永远不会被忘记。“真金在，岂销铄？”

角色需要，你要去塑造这样的角色，那我就特别刻意地留着披肩发，穿着高跟鞋，每天化妆。那是为了角色，其实我没有享受那个年龄应该有的。反而我现在在生活中倒是不化妆了，因为我觉得返璞归真是最美的。

田歌：你怕过气吗？现在很多女演员好像都害怕过气。

许晴：我觉得一个真正的好演员，大家从内心去热爱这份工作，没有“过气”这两个字。

←

田歌：应该说你是我所知道的一线女演员里最低调的，最不爱参与炒作的，你凭什么那么自信？

许晴：自信？我觉得是懒惰。

田歌：原来你不是自信？

许晴：不是自信，我觉得那不是我擅长的，不是我能够从容面对的，我只会做我从容的事情、我特别自得的事情，因为我喜欢简单。只要给我角色，我去塑造这个角色，就可以了，这是我最快乐的。那些我不享受的、让我觉得累的事情，我就不去做了。

田歌：就是做自己愿意做的事。

许晴：我很幸运的是，我的这个习惯恰恰符合了喜欢我的观众朋友的需求，所以我们是能够达到这种默契，所以我很幸运，他们没有因为我参加活动少了或者露面少了，就会说我过气了或者怎么样，这也是让我特别坚定地走下去的原因。我要去拍《金色池塘》那样的电影，我要去拍我80岁的时候，那时我也可能是一个优雅的老太太。

→

【田歌谈艺录】珠宝店中最珍贵的总是锁在柜子里的；拿出来高声叫卖的都是次的赝品。越不值钱的、越没买家的便越是要炒作。

张国强

不抛弃、不放弃的纯爷们儿

田歌印象

前几年，一部纯爷们儿的电视剧火遍了大江南北，甚至火到了国外，到今天它也可以称得上一个里程碑，一个神话，它叫《士兵突击》。说它传奇，是因为它完全没有时下流行的元素，属于没有美女、没有爱情、没有明星的“三无”电视剧，但是人们却愿意看上三遍、四遍，甚是十遍，它也捧红了一群男子汉，其中就有钢七连连长高成的扮演者张国强，还有那句抑扬顿挫的“不抛弃，不放弃”，成为今天最阳刚的正能量。

“不抛弃，不放弃”也可以看作是张国强人生的写照。在成名之前，他只能在各个剧组跑龙套，一跑就跑了十几年，甚至一度要到歌厅挣外快，这让出身于梨园世家，又是科班毕业的张国强难免觉得迷茫、动摇。但好在，还有一种信念支撑着他，让他挺了过来。

不希望因为一次成功而被定型

田　歌：他们都特别喜欢钢七连这个高成，就一个字——好。我说："怎么好啊？"他们说："像我们家人，跟我们亲。"我们今天先谈谈那个打动人的高成好不好？

张国强：好。我先来一段钢七连他给他们训话的台词。

田　歌：来吧！

张国强：说来就来——士气保持得不错啊，三次集体一等功，表示什么呢？表示在三次战役中阵亡超过三分之一，表示在三次战役中歼敌逾倍甚至是二十倍，表示在三次战役中超越了这个连建制的战役性作用！重要的，最重要的是，我们连到今天还没有倒，而且还永远这样继续下去，不抛弃，也不放弃，所以我们就叫钢七连！

田　歌：太棒了！一个高成打动了那么多人的心。这个叉腰的架势太有范儿了。

张国强：我去部队体验生活，发现所有的部队，他们都喜欢这样，再不就背着手，他们有那个劲儿。

田　歌：对，你看过《地道战》吗？那个男演员朱龙广，他原来是我的队长，他就是这个德行，老是撑着腰，跟你一样，总是气壮山河的。

张国强：对，过去军人也是那样，有霸气。

田　歌：你身上有霸气吗？

张国强：好像……应该有一点。

田　歌：真是觉得这部戏太好了。有的人看你那个角色都看三遍四遍，有个人说是喜欢以后看了十遍，还有个人说是看了三遍喜欢他的，我说你怎么那么慢热啊，我是看到片头张国强一个回头，我就喜欢了。你演得这么好，但是我知道，你根本就没有当过兵啊。

张国强：对，没当过兵。

田　歌：那怎么去演这个角色？

张国强：我感觉还是有这个军人情结吧，小时候的梦想就是想当兵，包括十七八的时候，也有这种欲望，特别强烈，后来可能是在《士兵突击》当中爆发了吧，把骨子里最深的那点当兵情怀都释放出来了。

田　歌：这个军人的感觉你是怎么找到的？还是你演的其实就是你自己？

张国强：不是不是，我们去了一个部队，特种部队，体验生活，我们每天要跟他们一起训练，站军姿，坐姿，后背流的汗把衬衣全湿透了。除了这个，晚上还偷偷去看他们晚点名，特别有意思。有一天那个指导员训话，指导员就很松散了，随随便便地站着，指划着："你们今天那个训练很不好，尤其那个谁谁谁，你们注意点。"然后我就悄悄摸过去，躲在一棵树后面看，无意中他一回头发现我了，马上就正了："我今天说，明天的训练要抓紧，好了，解散吧。"完了看了我一眼，走了。我把这些最细小的东西都吸收过来了，用到我这个戏里面，包括他们平时说话。其实他们平时都嘻嘻哈哈，谈笑风生的，而不是像过去那样全是一板一眼的，我认为那样演军人的话就太傻了，因为军人在训练的时候，或者是在执行任务的时候，他绝对是严格要求自己的，但平时生活当中他是放松的。

田　歌：但是现在还有这样的连长吗，喜欢谁就踹谁一脚？

张国强：我感觉那是一种情感的表达方式。像我踢他一下，或者我骂他一句，那真是一种爱，可能别人感觉，他怎么骂脏话？但是当兵的他不会这么看，部队的人看我们俩这关系，肯定都觉得他俩太亲密了。

田　歌：踹人一脚，或者指着人骂，这个都让我觉得真可爱，这人真生动。后来你在《我的团长我的团》里演迷龙，我知道迷龙是一个兵痞，而且是这么遥远的一个人物，你怎么去找原型？

张国强：我就找特侉的感觉，说话也侉，身体特放松，无所顾忌，但是迷龙依然延续了那种可爱，可能是跟我这个人的童心有关系吧——我虽然年纪很大了，但是童心还是有的。

田　歌：他们说这个迷龙就是一个夸张版的张国强，生性快乐，是吗？

张国强：应该是吧。

田　歌：后来你又演了一部部队戏《我的兄弟叫顺溜》。塑造这个角色，怎么和高成分开啊？毕竟都是军人，毕竟都是张国强这么一个载体。

张国强：按说每演完一个戏之后，这个角色就过去了，但其实我每到一个新的剧组，我也生怕自己又陷入到上一个角色当中。但是还好，我会很快地就把前面的忘掉了，抛掉了，全身心地投入到这个人物当中，很快就扎进去。因为我不想被人说，带着一个高成的影子去看我下一部戏，我不希望那样给我去定位。

田　歌：这摆脱不容易的。

张国强：对，很不容易的，你要是总演军人形象的话，真是就把你定型了，脱不开了。但是每个角色其实多少都会带有演员自己的东西，当你到了一定的年纪，演员应该有一种魅力了，你能吸引观众，或者观众喜欢你，然后你的每一个角色，都很鲜活。

张国强在谈话节目现场

用真诚对待每一个角色

田　歌：你说的你表演越来越开窍，你到底怎么开窍？

张国强：演员还是靠悟的，你自己有没有真正地把你的心投入到这里边去，是不是从心底里爱这个职业，达到癫狂那种程度。我也是挺疯的，《士兵突击》有一段，钢七连解散了，只剩我跟许三多，然后我关在房间里疯狂地打床。如果你要是很控制地打，观众一看就看出来了，看着很假。结果那场戏下来，我的手全破了。有时候感觉我自己演戏挺轴的，包括张译，包括老段，他们都说："国强演戏没控制。"我说："胡说，我还是有控制的，只不过我要求这种真。"所以就是这份真吧，能让我走到今天。

田　歌：我们台下问他他的表演有什么特点，他说："表演是演出来的，不是说出来的。"然后琢磨了半天说："我现在演戏会停顿。"

张国强：我不像其他演员侃侃而谈，我这戏还是演出来的，那是从心里发出的，你所有在镜头前的表现，你即兴的东西，真的都是演出来的。

田　歌：你的个人魅力是什么啊？

张国强：我不复杂。我跟刘烨合作一个戏，有一天收工我们喝酒，他就说了一番话，让我记忆特别深刻。他说："我刘烨成名之后，好多人骂我，说刘烨怎么能出来，他怎么能火。"然后他就说了一句话："我能出来，是因为我不复杂。别看你拍了好多戏，你没有出来，是因为你心里还不够纯净。"我是这么看的。

田　歌：其实有好多演员演得也挺好的，如果和张国强放一起，也许张国强演得不一定比他好。但是张国强比他干净，这足以打动我们。我后来又特别认真地看了你的几部戏，一个是《常隆基》，一个是《落泪成金》。

张国强：我很喜欢《落泪成金》那个刘强。

田　歌：我有个美国朋友很喜欢你的戏，他说你在《落泪成金》里怎么能丑成那样呢。其实我没有觉得那个角色丑，但是我觉得那个角色和你离得远了一点，他怎么那么弱，那么悲情，我觉得你在里面的眼神永远是这样耷拉着的。

张国强：对，但我还是喜欢那个，因为导演要求得也特别好，他一见着我之后就说："国强你胖了。"就这一句话，我一星期没吃饭，然后得了病毒性肠炎，一天几乎是不吃一点东西，有时候就喝一碗汤。整个人迅速就瘦下来了，紧跟着就拍刘强死掉的戏，我说："这个都不用化妆了，整个人瘦得都像鬼了。"

→

田　歌：张国强的眼睛是很出色的，他的眼睛很会表演。其实大眼睛的演员很多，但并不是每个人都会把眼睛用得这么准确，这么真诚。

张国强：眼睛是心灵的窗户嘛，你要真的走心的话，是能够通过你眼睛看到你心里的，而

【田歌谈艺录】人们说"演戏"，是因为戏是演出来的。其实，戏是"演"不出来的。生活中凡事都要把握分寸，而演戏恰恰不能控制"分寸"，你一控制就假了，没了生活的真实感。所有优秀演员成功的关键之处就是在演戏中生活，而不是在生活中演戏。只有"演"，便是装腔作势，肯定没"戏"，只有真的，才有戏，才叫作戏。看看张国强是怎样演的那个死前的刘强，也许就知道戏是怎么来的了。

不是说要特意瞪那么大。

田　歌：眼睛表达得很准确，除了眼睛，嘴也是很富有表现力的。他的嘴永远半张半闭着。

张国强：太对了，好像这是我一个习惯——这么一说，我都不会说话了。

田　歌：他这个嘴就让人感觉到那种忠厚、质朴。

张国强：我主要是配合眼睛，协调嘛。

田　歌：段奕宏的嘴你们注意了吗？永远紧闭着。

张国强：对，抿着。

田　歌：感觉这个人很有城府，充满了阴谋。

张国强：老段，这是田歌大姐说的，不是我说的！

田　歌：我看你的影迷给你编了MV，还把你的所有镜头都剪出来编成小片，我就觉得你真的好幸福。

张国强：这种幸福无以言表，原来你从来没有过这种感觉，不管你在这之前拍过多少戏，从来没有这么多的人喜欢你。这种幸福，这种力量，会让你以后走得越来越好。我相信，我绝对不会让他们失望的。

曾经只是一个“死跑龙套的”

田　歌：我觉得你整个演艺事业成功的过程，真的就好像《士兵突击》里说的“不抛弃，不放弃”。我听说你在北京演来演去的，演了16年。

张国强：那时候确实真的没有钱，到这里举目无亲，只有几个朋友同学，只能住在他们家里。

田　歌：我觉得东北男人都是很要面子的，你老住别人家，寄人篱下，你难受吗？

张国强：那个时候就不要面子了。好多人都上北京来发展，漂在北京，我也会怀疑，有一天晚上我记得特清楚，站在北太平庄那个过街天桥上，看着车，看着远处的霓虹灯，我说："哎呀，北京适合我吗？能容纳我吗？我会有发展吗？谁会找我拍戏？我认识人少，即使有人找我，也不会是演男一号，只是演一个龙套小角色，这种生活我能维持多久？"但是我心里面还是有这个信念的，我很自信，演戏这块我一定行，我一定很强。

田　歌：我特别理解演员，演员是什么？极度自尊、极度敏感、极度自恋的人，结果你到那儿被人挑来挑去，没准挑了半天，你卖力表演了半天，还被淘汰了。这都还算好，至少是公平竞争，可还有其他的。

张国强：有时候我们到一个剧组，你跟这些导演什么的都不熟悉，你在那儿等着递资料，你

→【田歌谈艺录】艺界有"十年磨一戏""台上一见，台下十年"之说；学界有"十年寒窗苦"之说。"十年"，似乎是走向成功的一个上帝之数。其实，十年也好，八年也好，无非是讲事物的发展要有一个积累的过程，不可能一蹴而就、一举成名。任何一个行业初进行者都是"跑龙套"的，甚至有"学艺学艺，两手仆地"的说法。中国传统文化中所说的精卫填海，愚公移山，绳锯木断、水滴石穿，铁杵成针，其实都讲的是一种职业的坚守与勤苦努力，"不抛弃，不放弃"的这样一种"士兵突击"精神。

会看到好多的演员，面孔很熟悉，他跟导演像哥们儿一样交流，你就会感觉到他这个角色肯定成了。

田　歌：你那时候经常被人家挑吗？

张国强：有一次我记得很清楚，去一个剧组，没有试就被那个导演Pass掉了。我到现在还记得，就觉得你没试过我，你怎么知道我不行呢？没真刀真枪地练过，你怎么知道我打不过你？就是这样的感觉，那时候特别心酸。

田　歌：其实演员不是一个好职业，他是一个要被别人挑拣、被别人认可、被别人喜欢的角色。尤其要在北京，残酷透了。

张国强：很残酷，每天他们要四处奔波，从东城跑到西城，从这个组跑到那个组，坐地铁，坐公车，蹬着自行车，就为了能上一个戏，就为了能挣点钱，好在北京把生活维持下去。其实好多这样的演员，我挺佩服他们的，他们能吃很多苦，有一个角色上了都是特别愉悦、特别兴奋。其实他们都很热爱这个职业，要不然早就改行了，或者回自己老家了。

田　歌：你是不是很少受屈辱啊，受完屈辱就回家？

张国强：有时候受完屈辱，我就会想家，就会想跟自己最亲的人去诉说一下，我是藏不住的人。但是我不会在电话里哭，我只是听听爸爸妈妈的声音，就觉得挺好的。但是放下电话眼泪就会下来。

田　歌：可是你这一米八的男人，你可以到外面出大力、流大汗，为什么非得坚持靠演戏挣钱呢？

张国强：我也想过，除了当演员，我还能做什么？到饭店当服务员，或者站柜台，或者卖服装，这些我都想过，但是想来想去，还是做演员。

田　歌：为什么？很多演员不是都放弃了吗，你为什么不放弃呢？

张国强：因为天意，真是天意。从另一点说，我不能让我爸爸妈妈的血在我身上白流。

田　歌：你一直有这个使命感吗？

张国强：有。我们家我最小，其实我两个姐姐都比我有天赋的，能歌善舞，但是她们最后也没有从事这个。我刚进表演班之后，也没有特别突出。我爸爸妈妈从侧面问团里人：“我儿子怎么样？”他们只是说“还可以”，有的直接说“一般”。我就憋着一股气，我就要给你弄一个不一般看看。所以我就拼命地练功，每天起得比别人早，最后把收发室的师傅都弄急眼了，上团长那儿告状：“你们那个话剧班的演员张国强，太不像话了！”团长说：“怎么了？”师傅说：“他天天在我收发室的窗户那儿学鸟叫。”后来团长找我，我说：“我学什么鸟叫，我是在练舌前音呢！”反正就是自己有一股心气，一定要证明给你看，好像有点争强好胜。

也一度沦为“卖唱”的

田　歌：听说你走上话剧这条道路，是你爸爸指点的？

张国强：他那不叫指点。我上高二的时候，有一天放学回家，我爸爸跟我说：“考话剧团去吧，别上学了，你考大学也没什么希望了，你学习成绩那么差。”我说：“好啊好啊！”当时我想的是，只要别让我上学，考什么都行。

田　歌：当时自己还没有想过以后要当演员啊？

张国强：没有，就是不想读书了，只要不上学就行。后来我跟他们说：“学习成绩不好的全当演员了。”

田　歌：你当话剧演员以后，好像有一段时间特别迷茫，没有戏演？

张国强：对，我们毕业之后，也排了几个话剧，那时候我就演龙套，路人甲，基本上没有台词，有时候就一句——“有人要跳楼！”人家主演的戏就开始展开了，我们在旁边看着，摆一个造型，还不能乱动。

田　歌：据说有一段时间，剧团所有演员都没有戏演，都去了歌厅求生存？

张国强：对。那时候没钱嘛，感觉一个晚上能挣30块钱，就很不错了。有时候客人给歌手送花，一束花他要付30块钱，我能提5块。

田　歌：我觉得那是一段内心很挣扎的生活。

张国强：那个地方龙蛇混杂，很危险的，比如说有时候我做主持，要安排客人点的歌，你要是给安排慢了，他就会骂你：“怎么这么半天还没安排到我的歌？”我就得赔笑脸：“哥，哥，马上安排到了，下一个就是你的。”然后另一个人找来了：“我那歌怎么还没安排呢？”都需要我去调解，稍不注意就是挨一顿骂，或者挨一顿打。

田　歌：那时候在你心目当中表演还是一座圣殿吗？

张国强：那时候很迷茫，自己也分不清了，我究竟是唱歌的还是演员？心里只想着，我额外挣一点钱。

田　歌：看来人在生存面前都是很无奈的。

张国强：那时候给我唯一的感觉，我好像是卖唱的，很难受，在那里面待的时间越长就越难受。

田　歌：现在是不是很怕再踏入那样的场合？

张国强：对，除非说大家特别开心，人不是很多，大家都一起唱，而不是要听我一个人唱。

田　歌：很心酸啊。不过今天再看那段生活，可能对你还是有帮助。

张国强：那段经历太重要了，你会看到形形色色的人，你会观察每一个人，哪个是好，哪个是坏，哪个是大哥，哪个是小弟，你都会看得很清楚。

【田歌谈艺录】曾国藩有一句名言："能吃天下第一等苦，乃能做天下第一等人。"曾国藩成为曾国藩因为他能忍受，他曾几次要自杀；拿破仑流浪巴黎街头时也要自杀。但他们都忍受下来，便都成就了一种伟大。如果有天上掉馅饼的事，不是有毒的，就肯定是传说。

→

田　歌：其实全储存在你的表演记忆里。

张国强：对，都储存起来了。

田　歌：所以将来你要再塑造这样一个角色，很自然就能调动出来。

张国强：对，所以我现在一直想演一个反派嘛，我说我一定要演一个不一样的。

田　歌：想演跟自己反差大的？

张国强：对，就想不断地去挑战自己。

田　歌：我觉得你能够演到今天真的不容易。

张国强：进入表演这个行业，尝到太多的苦辣酸甜了，所以《士兵突击》火了之后，我回到家里，半夜喝了好多酒，眼泪哗哗地那么哭。

田　歌：是不相信会有这天？

张国强：那是一种情感的迸发吧，觉得这么多年，怎么就这么难。其实即使在这十几年当中，我都没有这样过，可能是人成功了之后，感觉我这十几年的心血，我的努力，我的坚持，没有白费，没有白付出。

好在，有个温暖的家庭在支撑我

田　歌：张国强那么干净，那么真，他们说肯定是家教的原因。

张国强：家教就是打嘛。

田　歌：听说你们家是慈父严母？

张国强：对，我妈打起我们来毫不留情，而且我们家有个习惯，四个孩子有一个孩子犯错误了，其他三个都要受到株连。小时候我们在胡同里玩打仗的游戏，捡了一段烟屁股，我就点着在那儿抽，学坏人嘛，一回身，也巧了，我妈妈平时下班她会走大路回家，这回她从这小胡同进来了，我一回头，我妈妈正好看见我了，然后就开始在后面追我。

田　歌：她哪追得上你？

张国强：当时我说完了，被我妈妈追上肯定一顿臭揍。正好看见一个厕所，我就跑男厕所去了，我妈妈肯定不敢进来，然后等到天黑才回家了，回家还是一顿揍，也没逃过去。

田　歌：其实不让你抽烟，就是怕你学坏。

张国强：对。

田　歌：所以这次我们去你家采访，你爸爸说：“我最庆幸的就是我这个儿子没学坏。”

张国强：其实后来我进入这个行业之后才理解我妈妈。因为我妈妈是评剧团唱头牌的，绝对的女一号，又是先进生产者、劳动标兵，所以团里头好多人都看不惯，冷嘲热讽的。我妈妈在剧团受气，她不能去跟人吵，也不能去跟人打，这气撒不出去。回到家里，我们要有一个小的错误，我妈妈就把这个火撒到我们身上了。我进入这个行当之后，我才明白，原来剧团也是那么勾心斗角，那么复杂。现在我有时候跟我妈说：“那时候你也不能在单位受气了，就把气撒在我们身上啊。”我妈就在那儿笑。

田　歌：因为我也生活在那么一个院子里，我感觉家人都不希望孩子再干这行，你的家人支持你干这行吗？

张国强：不支持，他们不想让自己的孩子也在这么复杂的圈子里面去工作，因为他们吃的苦太多了。

田　歌：你觉得从内心、从表演各方面来看，你更像爸爸还是妈妈？

张国强：我的执着、我的认真劲儿应该是像我妈妈，在演戏上我更佩服我妈妈，她在舞台上的态度是一丝不苟、极其认真的，而且她的条件其实也不是很好，但是她坚持练功，我记得很清楚，她大概四十多岁的时候，还每天起一大早到剧场里去练功。

田　歌：听说在你们家，你妈妈一工作起来，就不顾一切，然后你爸爸张罗家里的后勤。

张国强：我妈妈怀着我的时候，大概四五个月，还在台上演《穆桂英大破天门阵》呢，插着四个旗，还要耍刀，真是要命啊！

田　歌：那时候演员真是不要命的。

张国强：不是，这是要我的命！

田　歌：我在你的博客看到，每年过年你都给你爸爸妈妈磕头。

张国强：对，一直磕，到晚上12点，我爸爸把饺子下锅了，我出去把炮放完了，回来就在那儿等着，等他们都忙活完了，我说："爸爸妈妈你们坐那儿吧。"然后我就跪地上了。其实还是希望爸爸妈妈身体健康，这是我最大的心愿。但是每一年都会感觉爸爸妈妈在老，一天天在老……

田　歌：换一个话题。你妈妈说一想到你，永远是拿个枪要打，你爸爸说他每次想到你就是先看看老儿子瘦没瘦。

张国强：我每次回去，我爸爸都拼命地让我吃，我说："爸爸，这个不行，我这吃得太胖了，没法演戏了。"他就说："那有什么影响的，你胖一点好。"我说："好什么好，上镜的话拍得那脸都像猪了，那个不好看。"他还是说："不影响，吃吧吃吧。"他们晚上睡觉比较早，我是喜欢熬夜的人，有时候我就自己在方厅抽烟，或者坐一会儿，半夜他透过门缝能看见方厅的灯亮了，他就出来，说："老儿子是不是饿了？我给你弄点什么吃的。"

田　歌：他们表达爱的方式就是这个。40岁的张国强，现在在艺术创作上春风得意，爸爸妈妈也都很健康，还有一个9岁的儿子。你会不会经常在拍戏的时候，一下就想到儿子，就揪心了？

张国强：会啊，看到跟他同一个年龄段的小孩，我就会想，我儿子怎么样了？他学习成绩怎么样？我几乎是每隔一两天就给他打一个电话，逛什么商店，我都会特别留意那个卖童装的，一买买好多鞋、好多衣服，装一个大箱子给他寄回去。但是我对儿子也是很严厉的。我每次在外面拍戏受伤的时候，我就给他打个电话，我说："儿子干吗呢？"他说："看电视呢。"我说："爸爸又受伤了，儿子你知道挣钱有多么艰难，多么辛苦吗？"我一定要告诉他，我一定要让他知道，他上学，他的吃穿，所有给予他的东西，不是大风刮来的，那是家人付出了好多，辛辛苦苦挣来的，所以你要珍惜。我儿子这点很好，他从来不会乱要东西。

田　歌：你希望将来儿子长大后，你在你儿子心中留一个什么样的印象，是一个什么样的爸爸？

张国强：爸爸很爱他。

田　歌：特别阳光、特别有孩子气的张国强，你的软肋是什么？

张国强：我不希望听到家人有什么不好的，比如谁生病了，这是我最不希望听到的。

田　歌：最牵挂的还是亲人。

张国强：对。希望他们都好。

林永健

肯拉大幕的人一定会成为舞台主角

田歌印象

他是一个演员，我喜欢他不是因为他英俊，因为他实在是跟英俊不搭边；也不是因为他特别有名，特别有人气。我是喜欢他那双小眼睛，他那双眼睛，虽然不大，但是总是透着狡黠和智慧；我喜欢他的笑容，他的笑容总是那么能够打动我，感染我，充满活力。作为曾经是演员的我，我知道我看到了一位非常优秀的演员，他就是林永健。

现在的林永健已经是电视剧里的男一号，春晚的常客，大家所熟知的“著名演员”。但他却始终觉得自己只是一个普通的文艺工作者，毕竟从当初一个拉大幕、打追光的打杂人员，一个连配角都演不上的候补队员，一步步走到今天，他尝到了太多的酸甜苦辣，也比任何人都懂得珍惜与感恩。所以即使现在他就像一条特别招人喜欢的大鱼，他也不会耍大牌，因为对于演戏，对于观众，他始终保持着一颗敬畏之心。

从拉大幕到名演员

田　歌：我特理解林永健，他太忙了，尤其他这个表演业绩，已经不需要再到处去树碑立传了。但是我很关注的是，你成名之后的心态。你是怎么发现自己成名的？

林永健：我成名了吗？我觉得这个东西分怎么看、怎么说，我个人觉得我现在还不行，我说实话，因为我来北京的时间不长，只不过就是所谓的机遇好一点，拍了几个不错的戏而已，我的路还很长。所以我觉得自己的水平还不够，还要继续努力地往下走，拍出更好的作品，献给我们的观众。

田　歌：你成名之前和成名之后，接角色的标准变了吗？

林永健：没有什么之前、之后的标准，因为我对剧本和角色一直是很挑剔的。我比较看重一个作品的立意，就是说你要写一个什么事、一个什么样的人，而且这里面要有善良的东西、正义的东西、情怀的东西，这一点是我评判的一个标准。我有一个习惯，这个剧本必须得我自己看，我不听别人讲。

田　歌：你是告诉我现在名演员都是别人给看剧本了吗？

林永健：那我不清楚，因为他们是名演员，我是必须得自己看，必须自己去感受，融到这个角色里边，融到这个剧情里边。如果剧本感染你了，角色打动你了，那么将来这个戏出来，我估计观众也会喜欢的，也会感染他、打动他的。

→

【田歌谈艺录】若想要让你的受众感动，你自己首先要被感动，这似乎是一个演员接剧本、接角色的重要标准。被感动了，就已经是一种进入，但有些角色是你只有对他深层理解，才能受到感动。遇到这样的角色，就首先要考虑到怎样才能更准确地把你的理解传达给观众，这才有和鸣共振，才有角色的成功。

田　歌：其实林永健也挺惨的，你当了二十多年演员了，没演过几个男主角，全是男配角，还全是反派。

林永健：田导，我觉得你还是有点夸奖我，严格地来讲，我是群众演员出身，拉大幕的，舞台上演戏我给人家打追光，演员换衣服我在旁边给人家换衣服，我是这个出身。

田　歌：为什么呀？咱也是科班，咱也受过训练，凭什么咱们就得去拉边幕条、打杂？我以前也是演员，我也在部队、话剧团待过，业务不行的人才去干那个呀。

林永健：有好多原因，第一，那个时候年轻，剧院团年轻人来了以后都要多干活，这在哪儿都是这个规矩，是吧？还有一个呢，团里有很多老同志，人家还坚守在一线，坚守在岗位上。再一个，咱的业务也确实是不行，这个咱实话实说。

田　歌：不，这我不承认，你确实太会演戏了。你住在空政话剧团，我也曾经非常有幸地在空政话剧团生活过，那个地方藏龙卧虎，濮存昕也是空政话剧团的，其实跟你长得挺像的，也是大高个儿、小眼睛，你瞧人家部部戏都是大主角，你为什么就部部戏都是小角色，还配角，还拉那么长时间大幕？你分析过自己的原因吗？

林永健：我是这么认为，作为一个演员，首先组织上让你干什么你得干什么，咱得听话，对吧？说实话我也喜欢演戏啊，谁不愿意站在舞台中间啊？但是既然已经这么安排你了，那我就踏踏实实地去做，认认真真地去做，不要有任何想法和任何回报地去做，我想如果这样下去的话，老天爷啊……

田　歌：总会让我演男主角的呀！

林永健：会给我这个机会的！

田　歌：说句实在话，有的人虽然第一次演戏不错，也并不代表他就开窍了。你觉得你是什么时候在表演上一下就开窍的？还是就靠不停地演硬生生磨出来的？

林永健：我是属于那种慢热型的，就是接受事物比较慢，但是一旦接受呢，持续得又很长。我也不好说具体哪一个戏就开窍了，我觉得这可能跟年龄有关系，跟你对生活的感受、对生活的理解有关系。我记得在我二十多岁的时候，毛毛躁躁，我也不知道在干什么，也不知道在演什么；到了三十多岁，将近四十岁了，对生活的理解有了更深一层的含义了，这个时候再去演戏，帮助挺大的。

田　歌：四十多岁才开窍，那你都演了那么多年戏了，你现在都五十多了啊？

林永健：1969年生人。

田　歌：太小了，我觉得林永健你所塑造的每一个角色，都比你的实际年龄大，你也挺惨的，你在表演上就没有过青春啊？

林永健：是啊，我是属于一步跨到老年人的行列。我记得我第一次拍电视剧《和平年代》的时候，那是1996年，当时播出以后，很多观众就以为我四十多岁，其实那个时候我才27岁，那么十多年过去了，我还像四十多岁。我挺喜欢演比自己年龄大的角色，我觉得有味道。

田　歌：年龄小的角色也不找你啊。

林永健：这个田导啊，净往腰眼上捅，净说大实话，人家真不找我，那种青春偶像找我，那不就砸了吗？

林永健“抢戏”诀窍大曝光

导演是要“巴结”的

田　歌：我觉得林永健能演到今天，非常不容易，我觉得是有经验可总结的，你肯定有你的诀窍。当初就是拉个大幕、干点剧务，是什么机会让你走到舞台上？

林永健：这一点我要感谢我们空军的导演王向明。缘分这个东西我越来越相信，我跟向明导演认识是1996年，他是空军的导演，我那个时候在广州军区，因为广州军区要排一个话剧，就把向明请到了广州。我干什么呢？当剧务，就是每天安排导演的吃喝拉撒。向明导演也是个单身，我那时候也是个单身，我就每天巴结导演。

田　歌：真要巴结啊？

林永健：真要巴结，他是导演啊，你不巴结他，他就不可能给你讲戏。

田　歌：我觉得他应该巴结你，他不巴结你，你不好好为他服务。

林永健：不，那个时候我是个剧务，是个小角色，还是个B组。我怎么巴结人家啊？我每天拉着他出去吃各种宵夜，反正我们哥儿俩，我不能喝，他能稍微喝一点，每天就喝点喝点，三喝两喝喝出感情来了。正在这个时候，我演的那个角色的A角生病了，那他就说："这个角色就给永健吧，让永健来演。"我是因为天天跟他在一块儿接触，我知道他导演的理念，我知道他要什么，所以我一上台很快地就进入了角色。

←

【田歌谈艺录】"巴结"并不完全是一种不齿于人类的行为。拿破仑就大言不惭地讲：我只结交巴结我的人。什么叫巴结？它不过是我巴不得和你结识、结交，这是一种很尊重人、抬举人的态度，有什么不好呢？老百姓讲"溜须总比骂人强"，什么事一比较就看出好坏来了。有道是"学艺学艺，两手仆地"，孔子是大圣人，你来求学，也得先送一条干肉来。许多看似玩笑话中却有大道至理。至少人是一种相敬才有相亲的感情动物，你很自尊，哪个人不自尊呢？

田　歌：你怎么那么老实啊，还非得等那个人病了，那个人要不病，你不就演不上了吗？你灌他小酒的时候就可以提出这个要求啊？

林永健：但是我不好意思说啊。所以说好多东西都是顺其自然，水到渠成，瓜熟蒂落，你至少演上角色了呀，领导和同志们一看，他对你有点儿放心了，不像以前，他不知根不知底啊。

田　歌：一演就大放异彩了啊？

林永健：还可以吧，反正《和平年代》的导演看上我了。

做好案头工作，戏自然就来了

田　歌：据我所知，除了拍导演马屁，你还有几大能耐，特能抢戏，特能改戏。

林永健：没有能抢戏，这个真没有，接到一个角色，我比较用功这倒是，因为没办法，模样已经长成这样了，爹娘给的，改变不了了，那唯一可能改变的，就是在你从事的这个职业上你去努努力，去认认真真做一做。每接到一个角色，我都会做大量的案头工作，甚至从这个角色的名字开始入手，可能作者未必能想到，导演也未必能想到，但是既然我来演，那我就要琢磨这个人他为什么叫这个名字，这个很重要，你就说我的名字吧……

田　歌：对啊，我面前这个人为什么叫林永健啊？

林永健：我妈妈生我的时候，七个月就早产，我妈妈想让我有一个健壮的身体，给我起名叫永远健康。你仔细回想，生活当中的每一个人，他的名字都是有由头的，不是随随便便就起个名字，对吧？所以说当剖析一个角色的时候，我首先是从他的名字入手，从他的家族，他的父亲、母亲，甚至他的爷爷、奶奶开始入手。

田　歌：你就开始给他编造历史？

林永健：净往腰眼上捅，但是说得很对，就是给他阐述，由你的大脑的这种想象，把这个人给他完全地展开，那么这样的话，这个人物他就丰厚啊，结实啊，厚重啊。

田　歌：你演起来就实在了。

林永健：对了，我有更多的依据去表现这个人物。

田　歌：这就是好演员，好演员都要做案头工作，但是我听他说这些话的时候，

【田歌谈艺录】主持人研究嘉宾，演员研究角色，都是这个道理。文人话叫“厚积薄发”，“书到用时方恨少”；百姓话叫“宽打窄用”。做起来你才能如鱼得水，游刃有余。

我真的挺汗颜的，我演了好多年戏，我没给一个人物做过案头工作，没给一个人的名字找过理由，我认识你太晚了。

林永健：早二十年就好了。

←

灵光一现改剧本

田　歌：他演的角色，你们都那么喜欢，那都不是先天就很健康的，都是经过他合理化地改编，才使这个角色栩栩如生地展示在你们面前，并且活在你们心中。《历史的天空》里有一场戏，张丰毅的老婆生孩子，你说孩子第一眼看到谁就像谁，然后大家不让你见孩子。

林永健：《历史的天空》这个戏我非常喜欢，这一段戏很有意思，当时怎么出炉的呢？有一天晚上，我们副导演跟我聊天，说：“坏了，永健，明天有一场戏需要三十多个群众演员，就是张丰毅演的这个角色姜大牙要生孩子，三十多个老战友全在医院门口等着看是男孩是女孩。”这么晚了，上哪儿弄群众演员去啊？我就在那儿看这一段戏，这段戏就是几行字，我就在琢磨，怎么给它融一点有意思的，而且又是人物之间关系的戏，这样观众喜欢看啊。

我看完了以后就找张丰毅去了，我说：“丰毅大哥，我有个想法，你看这场戏这样行不行，我们老家经常说，这个孩子出生以后看的第一个人很重要，第一眼看见谁，将来长大了就像这个人。”我就把我的想法跟他说了，他说：“永健，你把杨树泉——就是演张普景的演员——叫来，咱们一块儿研究这场戏。”那天晚上我们就在他的房间里面侃这场戏，树泉那绝对是兴奋之极啊，自己一个人跑到房里，天特别冷，后半夜还没有暖气，他披个大被子就在那儿写，早上起来写好了，拿这场戏到现场去拍了，没想到播出来，这场戏效果非常好。

→

田　歌：这几个人物一下子就活了。你实事求是地说，你是不是早就居心叵测想改戏了，但是一直没找到机会，现在终于找到机会了，然后先把他们说动，再带着他们去找导演。

林永健：我始终觉得，剧本是人写的，角色也是人演的，在拍摄过程当中，我觉得沟通很重要，你跟导演之间的沟通，跟合作者之间的沟通，如果关系搞得非常和谐的话，干

【田歌谈艺录】什么叫如切如磋、如琢如磨？骨料你得先把它切开，再细细地去削去搓，它才会成为好产品；玉料你得把它进行雕琢、抛光的细致处理，才会成为工艺品。演艺最需要这八个字了。一帮名演员在一起披着大被，半夜三更地研究一个小细节，没戏也会凑出好戏来，朽木疙瘩也能雕出花来。这就是“功夫”。一个好的艺术作品是需要集体创意的，需要二度、三度甚至是十度创作才能完成。没有功夫到家，只凭临门一脚，肯定踢不出好球来。

任何事情都迎刃而解，甚至大家一块出谋划策，众人拾柴火焰高。

田　歌：所以我说他的小眼睛透着狡黠和智慧吧，如果他自己跑去找导演，说要求改戏，导演也不一定听他的，就算改了，杨树泉和张丰毅可能还不高兴。他倒好，先把这两个人给说动了，据说你们是三个人一起去找导演的，人多力量大，导演很顺利地就接受了吗？

林永健：那当然了，有丰毅和树泉大哥嘛。

功夫在戏外：生活是最好的导演

田　歌：好演员浑身都是表演细胞，随时都在观察生活，而且把生活中的闪光点都用到他的表演当中去。一个好演员是离不开生活的，过去我们都讲究体验生活，现在的演员，都在这么市场化的情况下，一部戏几个月就得拍完，甚至可能一周就拍一部戏，还引以为荣，为了节省钱嘛，你现在又在部队，又是个名演员，哪有时间去接地气、去体验生活、去找人物原型啊？

林永健：在我枯竭的时候，脑袋里边没有形象的时候，我就一个人到地铁站坐地铁，或者去坐公交车，或者去农贸市场，因为在那种地方，我能看到形形色色的人，大饭店、高级宾馆、大商场恐怕感受不到那种生活，你只有到最底层、最接触老百姓的地方，你才能感觉到真正的平头百姓。

田　歌：这其实是做人做艺的态度，是一个演员、一个艺术家对艺术非常虔诚的态度，这在今天不是每个演员都有的，就算是有，也未必都能做到。

林永健：因为我是一个群众演员出身，我特别珍惜每一次机会。可能有的时候，这个机会在你身边，稍纵即逝，你没抓住就跑掉了，所以不要去抱怨为什么，没有为什么，你先从你本人对照对照，看看你出现了问题没有。

从演不上角色，到慢慢演上角色，到演上配角，再到演上主要角色，我是比较珍惜每一次机会的。其实这个过程当中也有很多的辛酸，也有很多的艰难和不容易，但是年轻人嘛，咬咬牙不就过去了？能怎么着啊，多大点儿事啊。

田　歌：我想林永健的这席话，对我们每个人都会有所启示，你那个辛酸的事，我们也能分享一下吗？

林永健：太多了。你比如说刚来北京北漂的时候，到处找剧组，拿着自己的照片到处去推荐自己。遇上热情型的还好一些，坐一坐，喝口水，跟你聊一聊；你要遇上个爱搭不理的："行，放那儿吧，干吗呢这是？怎么着啊，哥们儿，你哪儿的？不行，下一个我看看。"你要遇上这种，也确实心里挺不舒服的。

田　歌：不过好在现在你已经是大家喜欢的好演员了，真得祝贺你。我发现你特别会用语言来塑造角色，你的粉丝都说："林永健他是哪儿的人啊？他怎么会那么多方言啊？"

林永健：只是会一点皮毛。我刚搞这一行的时候，我的老师跟我说了句话，我一直没忘，他说："你们演员在舞台上演戏，你们的声音很重要，你们的形体很重要，还有一个就是你们的语言很重要，至于说你们这个表演啊，观众可能未必能看见。"尤其像我眼睛这么小的人，那真是看不见。

田　歌：话剧演员靠声音和形体。

林永健：对，他说："你们能学会好几种方言，将来对你们演戏塑造人物很有帮助。"我一开始不太理解，后来年龄慢慢增长了，我也看了一些片子以后，我就觉得确实有帮助。

田　歌：你除了特别注意观察这些人物的生活状态，你还要处处花时间去学这些语言？还是说你本身就很有表演天赋、语言天赋？

林永健：可能因为在部队吧，五湖四海，哪儿的人都有，另外一个，经常下部队，全国各地到处跑，接触的人也多，无形当中自然而然地听一听我就能大致知道你是哪里人。

大牌我要不起

田　歌：听说你小的时候就想演反派，最崇拜的人就是刘佳老师。

林永健：对。

田　歌：为什么？

林永健：小的时候也不像现在有电视、有网络，电影大部分是黑白的，基本上都是战争片，就喜欢看反面角色演戏。今天想一想，也可能自己长得就不像个好人，所以说就想多留一点反面角色。

田　歌：大家都说林永健在《黎明之前》的角色是他一次非常成功的转型，说他是演了一个老谋深算的、老治别人的、很有社会地位的反派。

林永健：这个角色的名字叫谭忠恕，是国民党军情八局的一个少将局长。他是一个反面角色，我当时看完了这个剧本以后非常喜欢这个角色，再加上我也好多年没演反派角色了，演的都是具有喜感的小人物，那么我就想演一个局长吧，而且是一个国军的局长。至于说是不是转型，转到了什么程度，这得观众说了算。

田　歌：虽然演反派不是他第一次染指，但是确实像他说的，以前演的那些都是有些喜感的、被人捉弄的小人物，这次应该说是老谋深算的。这个角色是不是你蓄谋已久的？

林永健：实话实说有点蓄谋已久，因为演员不希望观众给他定位，比如说这是个喜剧演员，说这是个正剧演员，说这是个老演好人的演员，说这是个老演坏人的演员，很多演员都不希望有这样的定位，总希望有个变化。我记得我刚从事这项工作的时候我的老师跟我讲，演员要演龙像龙，演虎像虎，老百姓讲话就是演什么像什么。

田　歌：好演员应该是变色龙。

林永健：对，不能老演哪一种或者老演哪一类。其实我也一直在想能不能有一个机会，演这种比较深层的，比较内敛的，不走怪的，大部分时候他脸上是没有表情的，你在他脸上看不出来喜怒哀乐的，他完全是在内心里面的，深藏不露的，我一直想演这么一个角色，没想到这个戏找到了我，也算是我的福气。

田　歌：现在他风水很顺，要什么就来什么，想演一个这样的角色，角色也来了，但是来了你能不能接住，你能不能演好，那可就要看你的功底了。这个角色的眼镜是编剧给的，导演给的，还是你自己要的？

林永健：刚一接到这个角色我是成宿成宿地睡不着觉，压力很大，因为毕竟自己前几个作品观众还是很喜欢看，那么你忽然间演了一个这样的人物，对我自己也是一个挑战，看戏的观众对我也会画一个问号。我真的成宿成宿睡不着觉，就给导演打电话，说："怎么办？你帮帮我。"然后导演就给了我很多的方案，这么演那么演，我也一直在琢磨，后来我到了剧组以后，我说："我想设计一个眼镜。"就找了一个透明的眼镜，导演一看说："不好，不是这个人物。"后来又找了一个墨镜，纯黑的，导演说："也不好，这玩意儿看不见你眼睛，虽然你眼睛小，也得让观

林永健喜得贵子，节目组送上小老虎鞋、小老虎帽和红肚兜表示祝贺

林永健在谈话节目现场

众看见，你把眼睛挡上，跟瞎子阿炳似的，你不是局长你是个瞎子。折中一下，弄一个淡淡的、能看清楚眼睛的眼镜。”原本我们想演几场就摘了，结果这一戴就摘不下去，它完全成为我去诠释这个人物的一个拐棍，戴上这个眼镜以后我就有了一种感觉，一副有色的眼镜下藏着一双琢磨不透的眼睛。

田　歌：眼睛是心灵的窗户，有的时候我不愿意让别人从我的眼睛里知道我心里在想什么，尤其是这么一个人物，他更不愿意让别人知道，但是回到家他又把自己最真实的一面展示出来，所以说这个人物又有了一些人性的色彩。

林永健：我当时接了这个剧本就跟作者讲给这个人物加一个妈，抛开他的信仰，抛开好人、坏人，他首先是个一撇一捺的人，孝敬父母是我们中华民族的传统美德，那么他也有亲情，所以我就想在他的另外一面有一点展示，但是不能展示太多。

田　歌：我发现在你们演员队伍中好像有两种创作观念，有一种演员觉得演员就应该诠释多种人生，多种角色，演一个像一个；但是也有的演员觉得演员你没那么大能耐，你就把这一个类型演好就行，还有的人说这个演员演到底就是演自己。

林永健：这些说得都对，当然这里面很重要的一个环节是剧本提供的这个故事和作家笔下的这个人，演戏不可能说我完全是那个人物，身上没有一点我林永健的影子，那是不可能的，因为是我去演的，演个女的也能看出我的影子，这个没办法。

田　歌：那你是要走一条什么样的创作道路？

林永健：这个也没多想，走一步看一步，还是看剧本，看人家作家笔下的这个人是个什么人，咱们根据这个人去研究他、琢磨他，至于说演成什么样，那得观众说了算。

田　歌：林永健演了那么多角色，你怎么让自己分身有术的？

林永健：没有没有，我不串戏，我都是一个一个地拍，不是有那么一句话吗？咱们饭得一口一口地吃，戏得一场一场地拍，事得一件一件地做。我没有这个精力这边拍着这个戏，那边拍着那个戏。

田　歌：现在永健接的人物是越来越厚重，越来越复杂，越来越重要了。

林永健：还是剧本写得好，当你真是看到一个好剧本、好故事、好人物的时候，你的心动真的遏止不住。

田　歌：甚至有的角色没到他手里他会去找导演问："为什么不让我演？"

林永健：就是"贱"呀，要不怎么叫林永健（贱）呢。

田　歌：演员身上还真得有这股劲儿。林永健塑造的角色从舞台到银幕有几十个了，你怎么感悟"演员"这两个字？

林永健：这个职业是很有魅力的，我为什么这么讲呢？因为有好多生活当中我达不到的事情我可以通过一个角色去感受。

田　歌：你觉得你是不是现在最有市场号召力的人？

林永健：这个我不敢讲，这得观众说。还有一个，我就是喜欢演戏，说实话拍戏虽然很苦，但是你得这么看，人家管你吃，管你住，还给你酬金，还让你出着名……

田　歌：还给你服装穿呢。

林永健：这多大的好事呀，你不好好演戏你能对得起观众吗？

田　歌：现在演员都追求有一定的创作空间，但并不是每个演员都能够拥有，是不是我们林永健同志现在是大牌了，所以想要就能有？

林永健：没有没有，我从来没把我自己当成一个大牌，当成一个红星，我说的是实话，我就是一个普普通通的部队的文艺工作者。

田　歌：但是现在有一些声音说你变了，火了，耍大牌了。

林永健：那倒没有，如果说我变的话，可能会比以前忙了一点而已，但是我可以拍着胸脯讲我这个人一点都没变。因为我是从群众演员一步步走起来的，我特别珍惜我每一次的创作和我每一次的合作。我不是一出道就是演主演的演员，我是给人家端茶倒水、打追光、拉大幕、干舞台的活、演不上戏的这么一个演员，我怎么可能耍大牌呢？我真不明白“耍大牌”这三个字是从何而来的，我不明白，我百思不得其解。

田　歌：但是你不是第一次听见这种话了吧？

林永健：对，但是也没关系，不同的声音可以有，时间是最好的验证。

爱老婆的“猪八戒”

田　歌：你参加了几届春节晚会？

林永健：六七届吧。

田　歌：可以想象这六七年的大年三十你们都没回家，有点儿惨。

林永健：说起来是，你在台上演，观众喜欢看，在底下乐，电视机前的观众也在乐，其实从台上下来以后，也挺失落的，因为这一个小品要准备好长时间，当直播完了，这一切也就都过去了。每年我从台上下来，俺老婆在家看完我的节目，然后到电视台门口去接我，我们俩这一路是默默无语两眼泪，耳边响起爆竹声啊。回到家，两个人随便对付一点吃的，就算完。

田　歌：我还能够感受到，你是一个特别有感恩之心的人，你总在一些场合说，你爱人是在你特别困难的时候爱上你的，起码是在你还没成名的时候。她看上你什么了？

林永健：看上我这个人了吧，可能长得丑点，她在我旁边显得漂亮点。

田　歌：想知道他爱人爱上他什么了呢，那得先了解一下他是一个什么样的男人。我们找了四个非常著名的形象对应四类男人——唐僧、孙悟空、猪八戒、沙僧。唐僧代表那种僵硬、古板、守旧的男人；孙悟空代表那种很能干、很机灵的男人；猪八戒就代表那种特懒，但是特精、特会说好听话、特会讨女人喜欢的男人；这沙僧呢，就是那种特实干，不一定讨女人喜欢的男人。你觉得你是哪一类啊？

林永健：猪八戒，说实话。

田　歌：猪八戒，那你爱人多幸福啊，每天听你说各种好听话。你当时就是靠好听话、靠海誓山盟？

林永健：没有，属于很自然的，没有任何修饰的，因为我们是同事，一个单位的，认识的基础就比较自然。我认识她那会儿，我小伙儿形象也不错，嘎嘎的，当然她那时候小姑娘也不错，罡罡的，嘎嘎的罡罡的俩人结合了嘛。

田　歌：你会不会每天对她说“我爱你”？起码她也会问吧？

林永健：老夫老妻了，没有这个，但是我们俩每天要通很长时间电话，因为我们俩见面都很少，要不就我不在家，要不就她不在家，我们每天在电话里面聊天，把自己今天的情况跟她汇报一下。

田　歌：汇报一下？这是组织纪律吗？

林永健：这是我们家的传统，必须的。

田　歌：你这个汇报的内容注水了吗？

林永健：没有，是流水账目，早上起来干什么，中午干什么，晚上干什么了，流水账。

田　歌：就在这流水的生活中，就在这琐碎的生活中，建立着坚实的感情。

林永健：因为这工作的性质，确确实实两个人老不在一块，确实有些问题挺对不住人家的。

田　歌：那比如说她要是过生日，或者是你们的结婚纪念日，或者是情人节，你应该找到机会就赶紧补救一下啊。

林永健：这个是必须的。

田　歌：但我听说你特抠门，有一次你带着你爱人想去浪漫一下，后来觉得太贵，调头就走。

林永健：有这事。我的生日是2月14日，俺妈也会生，偏偏那一天把我给生了，我这张脸不像2月14日的脸，像5月1日的脸。那天是我的生日，我老婆就跟我讲："永健，今天就咱两个，到北京饭店吃一餐自助餐。"我咬了咬牙就去了。

田　歌：咬了咬牙才去。

林永健：对，结果一到门那儿，我一看，扭头就走，她说："怎么了，不说好了吗？"我说："不吃了。"她说："为什么？"我说："平常一位是298块，今天为什么498块一位，涨了200块钱？"

田　歌：你说为什么呀？

林永健：俺老婆说了："那不是因为情人节嘛。"我说："咱用不着啊，一个人又多出200块钱，俩人又是400块钱。”我拉她就走，俺老婆不干了，说：“你干吗呢，今天这钱我出。”我说：“这不行。”为这个事俺老婆特别不高兴，回来说：“行吧，今天既然你过生日，我就听你的吧。”后来我们俩在东来顺花了100多块钱吃了顿涮羊肉，完了。

田　歌：什么呀！我本来挺喜欢他的，现在我决定不再喜欢他了。

林永健：因为我觉得没有必要，挣钱都不容易。

田　歌：挣钱干吗使的？不就是花的吗？不就是为了营造自己的幸福生活吗？况且她又是你心爱的女人，你真傻！

林永健：也对！下一次吧，下一次补回来！

超级奶爸

田　歌：全世界的人都知道林永健得子了，荣升爸爸了。

林永健：是，由一个不懂事的孩子变成了一个父亲，百感交集，自己演了很多荧屏上父亲的形象，唯独自己没有做过父亲，这是我最遗憾的，现在自己真真正正地当了一把父亲，深感身上的担子很重。

田　歌：第一眼看到孩子什么感觉？

林永健：真的挺激动的，生孩子的那一天，医院的医生给我放了个小后门，让我进到了二道门那个地方，我就在这儿等啊等啊，这个时候推出来一个刚刚生完的女同志，有气无力的她看见我了：“你在这儿？”我说：“是，我在这儿。”“你在这儿干吗？”我说：“俺老婆在你后面生。”

田　歌：你看，产妇这个时候还能认出来他。

林永健：她说：“哎呀，我挺喜欢你的，我们全家人都挺喜欢你的，没想到你才要孩子呀？”我说：“是啊，要得晚了。你怎么样？”她说了一句话，当时我很感动，她说：“我们这些女人为什么要给你们男人生孩子？”我当时看她那个样子很痛苦，脸煞黄，我就说：“我对不起你，我对不起你……”

田　歌：你对不起她？

林永健：后来我一想，不对呀，这有我啥事啊？但是就那一瞬间，我就觉得作为一个母亲太伟大了。

田　歌：见到你老婆你第一句又说啥了？

林永健：见了我老婆我百感交集，就觉得她太不容易了，我说：“谢谢你媳妇，你给我生了个儿子，真的谢谢你。”在医院住院那几天我的左右都是生孩子的，你就看吧，那些年轻的爸爸、妈妈，一个一个真不容易，所以我就感觉作为孩子将来一定要孝敬自己的父母。

田　歌：这是说不养儿不知父母恩，只有有了孩子他才能深刻了解这句话。你会不会像很多爸爸那样天天就盯着这个孩子看就看傻了？

林永健：我不瞒你说，每天晚上我回到家，第一件事就是直奔他的房间，多晚都是，悄悄地隔着蚊帐看他，大气不敢喘一下。

田　歌：我知道这当了爸爸、妈妈以后所有的注意力全在孩子身上了，你会不会吃你孩子的醋？

林永健：我不会的，我为什么要吃他的醋？

田　歌：你老婆还有时间理你吗？

林永健：那不正好吗？——没有没有，不吃醋，其乐融融。因为我们岁数都很大了，中年得子，说实话这么多年也一直忙于工作，其实我特别喜欢这种其乐融融的家庭式生活，一到过年，家里老人、孩子，一大堆人能够在一块，我特别向往这种生活。我们家每年春节就我和俺老婆俩人，大眼瞪小眼，真的很孤独，所以我就希望家里面人丁兴旺，哪怕小孩把这个碗砸了，把这个筷子扔了，把这个碟子给弄翻了，我都觉得高兴。

田　歌：中国人都有这个情结。

林永健：现在我回到家里面，我就有一种感觉，当初我是拎着两个箱子来北京北漂的，今天我再回过头来一看家里一大家子人，我有一种酸楚在里面，同时也有一种激动在里面，还有一种说不清楚的东西在里面。

田　歌：你看到孩子的时候会不会想到自己小时候呢？

林永健：想，我以前很少看我自己小时候的照片，现在我都翻出来，拿着我的照片就对着他看，哎呀，确实是林家的种，绝对不是隔壁老王的——这个开玩笑，我就在那儿看，我就想这个人生的美妙。

田　歌：你会不会把所有的戏都推掉，就看着这个孩子长大？

林永健：那倒不会，因为实话实说我非常喜欢也非常热爱我现在从事的这项工作，说心里话我做别的也不会做，就是喜欢演戏，咱就是个手艺人。

陈小艺

辣妹子到犀利人妻本色不改

田歌印象

有一个地方，被称作“天府之国”，有一种女人，被称为“麻辣女人”。陈小艺就是一个出生在天府之国的麻辣女人，她的外形秉承了四川山清水秀的特点，她的面孔还有一种沉静的美丽。

不过，我称她为麻辣女人，不仅仅是因为她是来自四川，更是因为她的性格和她所塑造的银幕形象。《外来妹》《婚姻的敌人》《半路夫妻》《大工匠》《新不了情》《我的父亲母亲》……这个被中戏补录的陈小艺已经有诸多叫好又叫座的作品。她曾因三次入围飞天奖提名而被颁发飞天奖新增设的“杰出贡献奖”，并在2009年获得了“德艺双馨”终身成就奖。

虽然她的银幕形象我已经非常熟悉，但是这次访谈，却是我和小艺的第一见面。这个川妹子一直在为她下一个角色寻求突破，她一直认为自己就是一个踏踏实实演戏的演员，她不会忘记自己的过去，亦会欣赏自己的将来。

川妹子的麻辣性格

田　歌：在采访你之前，他们说："陈小艺的性格特别直接，特别麻辣。"我说："那没关系，我也是这样，那我们俩有一拼。"他们说："你们俩可千万别在场上掐起来了。"我说："不会，我们肯定会觉得特知已了。"

陈小艺：对，一般情况下我认为跟我打交道还算容易，我属于一看就能知道我是一个什么样的人，跟我交流，或者跟我做事，千万别跟我绕弯子。

田　歌：那我就一针见血了，我听说你小的时候就很麻辣，居然把男同学的腰带抽下来打男同学，我想知道这是怎么回事？

陈小艺：在四川上小学的时候，打扫卫生时一个男同学老跟我在那儿捣乱，我搬一个椅子下来，他就给我搬上去，我怎么叫他，他都不听我的，给我气得不行了，最后我就急了，他正好系着一个皮带，我从他那儿把皮带抽出来就抽他，把那男孩给吓坏了。

田　歌：还真看不出来，你看小艺长得挺文静的。

陈小艺：对，在学校的时候，老师就说我长了一张比较带欺骗性的脸。

田　歌：会不会让男朋友感觉到受欺骗？本来想找个温柔女人，结果一说话满不是那么回事。

陈小艺：还好吧，不熟的时候，或者说跟你不认识的时候，可能没话，但是男女朋友，或者到结婚了，应该有一段时间接触，知道我是什么样了，所以我欺骗不了他们。

田　歌：那天我看一个电视节目，正好看到孙红雷说陈小艺她不是女人。

陈小艺：刚才在路上我还跟他们说这事儿呢，孙红雷这个大嘴巴。当时其实是人家记者问他："陈小艺会不会撒娇啊？她在你面前撒过娇吗？"他说："在戏里头没有啊。"我就开玩笑说："撒了也不能告诉你啊。"后来他就说："跟我合作过的女演员当中有两个人，我觉得不把她们当女人，一个陈小艺，一个章子怡，所以在工作的时候，我觉得跟她们没有性别之分。"

田　歌：另外可能就是没那么多事。

陈小艺：就太不矫情了，一般女孩都会需要别人去帮助或者呵护，像我们可能觉得不需要你，我都可以。

田　歌：我还听说了一件关于陈小艺的特好玩的事，不知道是不是准确。有一天，她正在房间里一边烫着脚，一边织着毛活，这时候好像是电话来了，找陈小艺的，她居然就说："那你们帮我接一下。"我当时听完笑死了。

陈小艺：这叫做一心六用，我当时是在宿舍里，坐在自己的书桌前头，冬天，四川人有烫脚的习惯，我正烫着脚，手里织着毛活——那会儿有一阵特别兴织毛活，自己买毛线织毛背心——摆一本书，眼睛看着书，放着那会儿的砖头录音机，听着歌，旁边是徐帆、江珊，我们在聊着天，我时不时地插一句嘴。这时候楼道的水壶响了，水开了，她们没有一个人搭理，我听见了，就喊："水开了！"这话一说完，所有的人看着我全喷了，说："你干着那么多件事，居然还能听得见水开了，你脑子真够使的。"

田　歌：有点四川女人的劲头，里里外外一把手，我听说之后觉得特逗，我说：

“真的啊？怎么从来没在银幕上看她塑造这么一个形象，太生动了！”

陈小艺：他们主要是觉得我这张脸，好像做这事不太符合。

一炮而红的幸运与尴尬

田　歌：小艺从艺，可能首先是因为学了川剧刀马旦，但是你这个形象，我觉得演花旦最合适，闺门旦、青衣也凑合，你为什么去学了刀马旦？那完全是个武将啊，是因为性格吗？

陈小艺：我妈妈也是川剧演员，就是闺门旦，我经常在舞台底下看她演戏，大家觉得我应该去演闺门旦，所谓的闺门旦，就是像白蛇这样的人。我就不想去，演闺门旦一天到晚的都是男的跟女的，这个人叫他夫，那个人要叫她妻，两个人还要拥抱，我就觉得不行，这么小干不了这事，所以我说我不选那个，因为刀马旦和武旦这种机会特别少，我就只需要打就可以了，所以我就选择了这个。

田　歌：不喜欢那个特缠绵的事。

陈小艺：对，不好意思，而且好像也不是特别喜欢。

田　歌：但是现在演的好像净是这些事啊。

陈小艺：现在除了这些事，别的都不能演。

田　歌：小艺从小就是什么事情都自己做决定，做好了再马后炮地告诉大家，是吗？

陈小艺：我是一个独生女，按理来讲，好像应该挺小鸟依人的，特别依赖父母，但是可能也因为是独生女的原因吧，很多事都习惯了自己做主，就跟我考川剧学校一样，我父母都不知道，等复试张榜的时候，我正睡着觉呢，别人敲门了，说：“榜贴出来了，有你！”这会儿我爸妈才知道了。但是我父母属于那种特别民主的，只要我愿意，那就去好了，所以考戏校，到考中戏，都是我自己做主的。

田　歌：据说陈小艺是看到杂志上很多很多明星的照片，就找到自己的定位了。

陈小艺：对，我爸爸是电影放映员，所以我们家有特别多《大众电影》这样的杂志，《大众电影》的封面都是大美人。其实那时候对当明星，或者当演员没有一个目标或者向往，但是总看到那些封面，突然有一天就冒出一个念头——有一天我在上头多好啊！但是我不知道我怎么才可以在这上头，也不知道我通过什么样的努力可以做到，但是就突然有这么一个想法，结果最后终于有一天还真就上了。

田　歌：自己喜欢这个，就要这样去做，可能好多女孩小时候都想那个位置的照片换成自己，但是不知道该干什么，可能就永远断送了那个梦想，然后走上了一条她并不喜欢的工作道路。小艺应该算是个很幸运的演员，大四的时候，也是用外表温柔的假象欺骗了著名的成浩导演，就把那么好的一部戏《外来妹》交给她了。

陈小艺：他们也问过成浩导演：“你为什么会选陈小艺？”他说：“当时我在那么多的孩子当中，我看见这个人，就觉得她眼睛里有一份坚强和执着的劲儿，是属于这个人物的。”所以他就找着我。但是当时我觉得我不可能拍得成，因为我们班很严，老师从来没有让同学在上学期间出去拍过戏。结果成浩导演还特别坚持，他几次三番找我们老师，老师居然开恩同意了。

田　歌：命好，真的，当演员这命运很重要，当然自身条件也要很好。

【田歌谈艺录】人生与事业的成功，有许多时候是离不开机会与幸运的，这一点常常令英雄气短、壮士扼腕。但仔细想来，天生的草鸡，给你什么机遇也成不了天鹅。但人生主要的是不放弃，可以努力，就去创造出一个“传说”，也是一种英雄本色。人毕竟不是草木、动物，帝王将相，宁有种乎？

陈小艺：对，演员确实是这样的，我觉得很多时候机会的重要性可以占到60%，有很多好演员，可能这一辈子都没得到机会，就没能被观众认识。所以我觉得我还算是幸运的。

←

田　歌：我觉得那部戏里的陈小艺给我的感觉就是，这个女孩形象真好，她的美是那种沉静的美丽，最重要的是她眼光中那种坚定、执着和自信，确实就是这个人物，就是外来妹要闯世界的那种心态。

陈小艺：对，可能吧，其实那是我拍戏这么多年以来，唯一觉得好像没怎么拍就拍完了的一个戏。那个戏才十集，我们拍了快三个月，如果放到现在，三个月可以拍三十集了。有一天他们突然说杀青了，我说我还没怎么演怎么就杀青了？到现在为止，有时候我上街被观众认出来，照样会说《外来妹》。可能这个戏给观众印象太深了，我起初会觉得很得意，因为你有一个角色是扎根在观众心里的。后来每个人每一次都这么说的时候，你就会有一些郁闷了，就会觉得我除了《外来妹》还演了好多啊，你们怎么都不说啊？但是到现在，如果人们还说，你又很欣慰，因为这么多年人们还记得。其实我到现在也不觉得我演

陈小艺在谈话节目现场

得有多好，但是最好的一点就是特别真，我觉得可能是我现在无法超越的东西。

田　歌：对，这个真实是发自内心的，而不是技术，真实的东西就是打动人的东西。实际上演员有两个怕，一是怕演了戏没有播出，或是演了这么一个费了心血的角色，大家没记住，当然这个怕你不存在了；还有一个怕就是我演了一个茄子以后，我就永远都是茄子，我觉得小艺好像有一段时间陷入了这个境地。

陈小艺：我也遇到这么一个阶段，就是《外来妹》之后，我也一直在拍戏，但是拍完以后，可能没有一个观众认为更好的，加上你之前的那个形象太深入人心了，人们会觉得没有《外来妹》好。我自己也会很难受，有一段时间我甚至觉得电视剧已经让我拍得可以不拍了。演员有一点特别惨，被动，我们签了合同，我们开玩笑叫它卖身契，我答应人家了，我要来演，可到了那儿以后，你突然发现，一切都不是你想的那样，他们可能只是为了拍完这个戏赚点儿钱，可是你想的不一样，你想的是好好地去演一个角色，所以这会让你特别郁闷，又不知道该怎么去解脱，所以那会儿拍戏拍得特别烦，有点儿恶心的感觉。

演最本色的最困难

田　歌：很多演员都有一炮走红的时候，也有沉寂的时候，有的人沉寂以后就再也起不来了，陈小艺最了不起的是她沉寂以后又起来了。十年以后再见到她，虽然她已经是妈妈了，但是容颜依然很好，能够让我感受到一个女人的进取精神，一个女演员的进取精神。一部戏一部戏地演，现在《外来妹》终于被顶替掉了，我跟别人再谈起你的时候，大家首选的是《半路夫妻》。

→

陈小艺：对，那个戏可能是这几年来观众普遍认为特好的一个戏。还有《女人心事》《母亲》《大工匠》《军歌嘹亮》，都还算好。

田　歌：这几部戏里面你最喜欢哪个角色，哪个最下劲？

陈小艺：其实每一个角色在你去创作的时候，或者去演的时候，就跟自己的孩子似的，别人可能都会觉得它这儿不好，那儿不好，但是自己都特别喜欢，因为每一个戏你都下了功夫，或者说你认真去做了。从我自身来讲，我觉得《半路夫妻》可能是我在事业上迈了一步的一个戏。因为之前演的那些形象，都是特传统的媳妇儿、母亲，《半路夫妻》胡小玲的这个警察形象，突然让观众眼前一亮，会觉得她还能演这么一个人呢。但是实际上胡小玲可能是跟我本人最接近的一个。

田　歌：以前更多的是在塑造人物，这个可能是在展示自己。

【田歌谈艺录】沉寂与沉寂不同，一种沉寂是于无声处听惊雷，他无声息，是因为他正准备一飞冲天；一种沉寂是没有了生命力，没有了活力，没有了价值，成为了悬瓜弃井，那是在走向死亡的沉寂。总归沉寂是一种可怕的未知，打破了沉寂，便是一种新生；在沉寂中消沉、不争、放弃，便是一种死亡。

陈小艺：对，以前我在骗别人，现在还原我自己可能多了点儿。

田　歌：但是我个人比较喜欢的是《母亲》，因为我觉得那个是要有一些难度的。

陈小艺：对，那个会从一个30岁的人演到70岁，是特别考验演员的，我那会儿就说过，要是结婚以前，可能我就不敢接这个戏。

田　歌：我还是觉得你敢演也是挺鲁莽的，虽然你已经是母亲了，但那个可是70岁的母亲，而且是很多孩子的母亲，生活年代也不一样。可你演得很自信，很从容，我觉得挺意外的。像《半路夫妻》里的胡小玲，我觉得就该演成这样，你不就是这样嘛。

陈小艺：其实人们现在夸一个演员，老说她塑造一个角色的时候，特别有特点，或者说跟她本人不一样，反差特别大。实际上有时候我觉得，演最本色的挺难的。

田　歌：为什么？这还真是新课题。

陈小艺：因为如果说你演一个和自己反差特别大的形象，你有很多手段去做，比如说老年人，我会通过化妆，我会通过形体，我会通过别的，可能去借鉴到；可是演你自己，但是又不是你自己的时候，实际上很难下手，这种分寸挺难拿的。所以有时候我们不太去看重一个所谓的本色演员，其实我觉得不应该。但是你不能说你就本色到底了，那也不成。

田　歌：我们重点要说说《军歌嘹亮》。

陈小艺：你这个话我听着特别有内涵。

田　歌：没有，《军歌嘹亮》我爱看，但是我觉得特别奇怪，因为当时《激情燃烧的岁月》已经红得简直一塌糊涂了，为什么你们还要去演？你们到底是同时去创作，还是跟风之作？我真是不能理解。

陈小艺：从制片方来讲，我觉得是一个损失的事情，因为之前就有《激情燃烧的岁月》那么火；但是作为演员，为什么我们会接这么一个戏，我认为不管是不是曾经有过类似的戏，这个戏对我们来讲，是有好处的。《军歌嘹亮》里我是从18岁演到了60岁，从一个演员的角度来讲，我认为这是我应该去做的事情，至于最后有没有一个好的收视，观众会不会觉得我们在重复别人，我觉得就跟我们没关系了，就特别自私，这种想法。

田　歌：是不是因为费用也不错？

陈小艺：那戏没什么钱。当时我跟孙红雷，我们俩就说："这个戏给我们多少钱我们都去。"我们没有什么片酬的，但是我看到这个剧本，的确是觉得挺过瘾的，而且要是单单从剧作来讲，实际上我觉得《军歌嘹亮》应该比《激情燃烧的岁月》要丰富，《激情燃烧的岁月》只是石钟山小说之一，《军歌嘹亮》是他所有小说的综合。所以作为演员，有这么一个机会给你，干吗不演啊？

田　歌：演员喜欢这个角色，他就演了，但是观众哪会考虑那么多啊？一看差不多，重复，可能就不看了。

陈小艺：我不知道别人怎么样，反正我觉得我是从《军歌嘹亮》重新回到了观众的视线。我演完《军歌嘹亮》以后，有很多人看到我，会说的一句话就是说："你又出来演戏了啊？"所以我认为《军歌嘹亮》对我来讲，是一个点吧。

田　歌：你们一年接这么多戏，是不是有点儿违反创作规律啊？你有时间去体验生活吗？

陈小艺：有啊，比如说《半路夫妻》我就去派出所了，《大工匠》我们去了二期钢铁厂。当时拍《大工匠》，孙红雷提出来说我们得去体验生活的时候，刘佩琦都给惊着了，说："现在还有体验生活的呀？"现在很多电视剧创作，说实在的，没有以前那么多时间去做这些工作了，他就觉得现在我们还有这个要求、这个想法，简直太好了，太吃惊了。但是也是比较惭愧的，可能不会每部戏都去做。

田　歌：有时候我在想，现在的演员，应该说也迎来一个好时代，市场化了，然后收入多了，制作精美了，水准提高了，但是我又觉得也挺惨的，很短的时间内就速成一个人物，其实挺违背你们的心愿，但是你还不能不去接，你要不接，经济损失且不说，有可能一年两年没看见你，你就不在一线了，你又下去了。

陈小艺：可能吧，但是我觉得我近两年还好，我一年两个吧，我觉得应该能够保证一定的质量。

人气靠戏不靠炒

田　歌：《半路夫妻》获奖了，陈小艺上台领奖时是不是热泪盈眶，感激涕零的?

陈小艺：我也不知道我怎么会激动成那样，是影视风云榜的最佳女主角，我哭得稀里哗啦的。我说要感谢两个人，一个是我的丈夫刘惠宁，因为《半路夫妻》是他导演的；还有一个就是我的对手孙红雷。我们俩在现场是可以对骂的那种，你要不对了，他就直接可以说："你这演的什么呀你！"有这么一个合作者，你会觉得特别幸运，很难得。所以我当时感谢了他们两个人。

田　歌：其实当初你选择刘惠宁的时候，我就觉得，你真是选择了爱情，因为那个时候，很多人是选择富人、商人，而当时刘惠宁导演还是名不见经传的。后来这两年人家就说："你看，如果没她丈夫，陈小艺根本就没今天。”

陈小艺：这话不能这么讲。如果我不适合这个角色，制片方不会用我，他不会说因为这个人是导演的老婆，他也会考虑到他这片子是否有人买，播出去以后观众是否有人看，或者是说她能不能胜任这个角色。我觉得可能就是天时地利人和吧，而且确实也不是他提出来一定要用我的，是人家制片方说：“孙红雷跟陈小艺合作是一对很好的搭档。”当然到《女人心事》更是这样，《女人心事》会觉得他们有一个《半路夫妻》的成功，给他们夫妻档做，可能对观众来讲会是个保证。

田　歌：更有延续性。

陈小艺：对，但是我们也不是瞎合作，我觉得作为那种合作，应该是如果合适，就去做，如果不合适，就千万别去做，要不然的话，属于两个人都会失败。

田　歌：如果合适，会相得益彰，但是如果失败了，那这个口水可就淹过来了，死得更惨，所以压力更大。像你们这一批演员，好像跟现在新的年轻的演员有个最大的不同，就是你们和媒体的关系不是特别的紧密，基本上就是自己埋头创作，到需要做宣传的时候宣传一下，平时真的很难看到你们。你们是怎么理解现在这种故意炒作的？

陈小艺：那种故意的炒作，我觉得像我们这批演员都不可能去做。第一没时间干这事，而且觉得特别没有必要。大众可能也想了解戏外的我们，我们可能也有这个义务去展示，但是我们会选择有必要的，比方这种访谈，但是你所谓的那种炒作，就是特别特意的，我觉得我们这批人好像不太会去做。再有一个，可能我们特别土，或者说特别老式，会觉得说我就是一个演员，我们的任务就是把戏演好，其他的时间就是做一些你该做的准备，不会故意去炒一些什么新闻。所以我们经常会被

主持人田歌

别人善意地提醒，说：“你可以学学别人，去做一些这样或者那样的事情，提高一下所谓的人气。”但是像我们，到现在来讲，我觉得好像这根筋都还不行。

田　歌：对，当然这是你们让我觉得很尊敬的地方。

陈小艺：我们会觉得，如果有这个时间的话，我多演几个戏，可能我们受益会更大一些，观众受益也会更大一点，因为他希望看到的是你有更多的戏给他们看，有更多的好的人物奉献给他们，其实他们也不太希望你没事儿去炒那些乱七八糟的，供他们饭后看一眼，笑一下。

田　歌：当然了，我很尊敬你们这种创作和你们对媒体的态度，但是大家私底下就会说，他们这些人还不太适应现在的市场规则。

陈小艺：有可能吧。

田　歌：小艺也是和公司有签约关系的，那公司会不会给你们设计？如果他今天说小艺，为了让你更有市场价值，我们决定在这一段时间也要给你设计一些宣传，有这种炒作的嫌疑，怎么办？

陈小艺：不会，每个演员的价值不是通过炒作来体现的，如果说你没有一个好的作品，没有一个好的角色，一天到晚都在炒绯闻，仍然不会有人喜欢，或者仍然不会有真正的人气，所以公司也会尊重到每一个演员的意愿，至少我们公司是这样，很尊重我们每一个人。我觉得我们还挺幸运的，很庆幸我们是在那个年代就出来演戏了，我们不需要附加那么多条件让观众认识，仅仅凭我们自己的那些戏，或者我们的能力，得到观众的肯定。如果现在我们才刚毕业的话，没准儿我可能还得不到那么好的机会，所以我觉得我们挺幸运的。

田　歌：我跟小艺观点唯一一点不同的就是，我们有实力，不需要去炒作，不需要一天到晚见诸报端，但是见诸报端和炒作不代表就一定是绯闻。

陈小艺：必要的我觉得可以去做，比如说你有一个戏要宣传了，制片方要去推广这个戏，让观众知道你有一个戏要演了，我觉得这种配合我们是必然有的。但是可能做得还不是特别好。

田　歌：还是观念老，我们受的是中戏那种做人和做戏的教育，不像现在有些演员，他们很明白，一定要见诸报端，不管今天是什么新闻，只要有我就好，那就说明我的商业价值和人气，所以就导致现在好多年轻的孩子，甚至一些莫名其妙的人，把自己炒得一塌糊涂。

陈小艺：有的人可能通过这个就会让你知道他是谁了，可能也是一种手段。

田　歌：现在这个社会是多元化，很开放，每个人有自己生活的方式。

陈小艺：我觉得我还是走我自己这条路吧。

【田歌谈艺录】产品、作品的营销，作者、演员的包装、营销都是无可非议的，这是天经地义的事。但是恶性炒作从根本上就是远离了行规业矩的。人一到了为名利所动而不知珍惜自己的程度，就是一种堕落的开始，很可怕。人至少总得有一种羞耻感才好。

←

田　歌：但是陈小艺，我觉得有的时候还是要跟媒体接触，要不然你是会吃亏的。有媒体记者跟我说："你知道陈小艺多厉害吗？她吃口香糖的时候，如果现场没有垃圾箱，就得吐到助理的手里。"

陈小艺：我觉得这歪曲我了，得赶紧澄清一下。

是这样的，我出来有时候会吃口香糖，可是当要录节目的时候，因为找不到垃圾筒，我们那些助理都特别讲卫生，她就会递给我一张纸，我会吐在纸上，完了以后找垃圾筒扔。如果是把那口香糖吐在舞台上，我觉得这是我不懂礼貌，或者说我没有教养。我觉得他可能误解我了，所以有时候做一个公众人物也挺难的。

田　歌：他可能没有机会跟你接触，或者只是看到了一个片断。

陈小艺：有可能。所以我就说有时候我得罪人我不知道，就是太直接了，但是我周围的朋友和同学都会原谅，他们会说一句话："陈小艺无论说了什么，做了什么，我们都不会觉得伤害到我们，因为她对任何人不带有攻击性，不会去伤害到任何人。"

田　歌：媒体和你们的关系是很复杂的，谁也离不开谁。

陈小艺：对，鱼和水的关系，所以我也没想得罪任何一个人，但是我有时候可能是不经意的，所以如果有一天我得罪到谁，我觉得可以直接告诉我就好了，如果是我的错，我一定会说对不起。

现场话题互动

演艺中的死穴

观　众：如果再让你接一部戏，或者是选一个角色，你愿意选什么样的角色呢？

陈小艺：其实从演员来讲，可能每个人的愿望都是演一个以前没演过的，我基本还算都演过，但是有一类角色是我没碰过，也还不太敢碰的，就是风情女子。我觉得每个演员都有死穴，这好像是我的死穴，我不知道该怎么演，那种眼神、那种语调是什么样，我不知道，但是我经常会有试试的想法，不过他们现在没有一个人敢让我试。

田　歌：如果现在翻拍《渴望》《骆驼祥子》《日出》，你会选择刘慧芳、虎妞，还是陈白露？

陈小艺：陈白露我是演不了的，陈白露太风尘了，我掌握不了那个劲儿，要演好太难了，不太有那个把握；虎妞我可以演，因为我们人艺当年拍《骆驼祥子》，就让我回去演虎妞，我是因为档期排不开没去；《渴望》的刘慧芳可能是我不用怎么费劲就可以的演，因为跟我太接近了。所以我会选择虎妞。

角色单一很苦恼

观　众：这两年您的戏，我感觉太单一，我不知道为什么，总演一些夫妻剧、感情剧。

陈小艺：他说的也对，最近拿给我看的剧本，好像生活剧、情感剧居多，我觉得不是我们的责任，是那些影视公司的责任，他们现在可能觉得生活剧、情感剧是观众喜欢看的。我们作为演员，有时候有些东西特别难取舍，我们也希望演那种我们喜欢的，或者观众喜欢的，但是有时候不那么如愿。不过你这个想法我一定会吸收，争取在下一个的时候，就演一个不是情感剧、不是生活剧的。

观　众：我希望您演一个威风八面的女军人形象。

陈小艺：女军人，对，让他们给我写一个。

如果我有能力，就要演A角

观　众：假如现在让你回到人民艺术剧院舞台上演一个B角，你能回去吗？

陈小艺：为什么要让我演B角，不让我演A角呢？我看我喜不喜欢那个剧本，或者喜不喜欢那个角色吧，这是真话啊，我不用那么虚伪，如果我喜欢，我觉得我没有问题；还有如果说前面那个A角比我优秀，也没有问题。

田　歌：这是真话。

陈小艺：很真实，一定是这样的，如果她不如我优秀，干吗要让我演B角？我可以先演给她看。

田　歌：关键你会怎么去拒绝，你会说“不行，她不如我，我应该演”，还是说别的？

陈小艺：如果真实情况是这样，我会这么说。我就这么一个人。

“导演”不是女人干的活儿

田　歌：现在的演员演而优则导，像徐静蕾、赵薇，都当导演，这会是你的选择吗？

陈小艺：目前为止没想过。可能我今天说这个话，会有一点点得罪人的嫌疑，我老觉得导演这个工作，不应该是女人做的，我觉得太辛苦了。演戏很简单，只操我自己的心，导演不是，他有一半的工作是要去安排所有的人，要去把所有人的能力发挥出来，如果所有人都发挥出水平的话，那这戏可能就成功了，所以他的那个工作的负荷，我觉得一般女人特别难以承受。所以如果她们能做到这一点，我觉得她们挺厉害的，从我本身来讲，我好像不太有这个可能性。

你所拥有的就是最好的

田　歌：小艺现在演的这些角色，基本上反映了当代中年女人的情感状态，这些人物当中，有哪些人的情感状态是折射了你本人的？

陈小艺：我觉得我是比较老土、比较传统的一个人。我向往的生活是“老婆孩子热炕头”，比较土，在土的当中希望有一些些小小的浪漫。可能不太像很多人对演员的那种想法，她们都是风花雪月。

田　歌：她的风花雪月都在角色中找到了。

陈小艺：对，生活中还是踏踏实实的比较舒服。我老说夫妻合适是最重要的，这个男人你看着很好，但是他不适合你，就不属于你。

田　歌：当代女性也都会有你戏里的那种情感问题，你提倡一种什么样的价值观？

陈小艺：其实我没有资格去提醒别人，只是以我自己来讲，每个人选择自己的生活都有自己的理由，我觉得无可非议，只是我觉得你要想好了你想要的是什么，或者是说你的那份责任在哪儿。我现在没有那么好的经验去告诉别人，我只是觉得我掌握好自己现在拥有的这一份东西，珍惜它，爱护它，就好了。

【田歌谈艺录】什么是“价值观”？“你想要的是什么”这就是价值观。每个人都有自己的追求，但追求与追逐妄想都不是一回事，至少它应该是理性的、正确的，至少是正道的才称得上是追求。

←

《光荣绽放》栏目介绍

节 目 类 型：大型励志访谈

主　持　人：田 歌

节目宣传语：今天流行光荣绽放 让八卦灰飞烟灭

节 目 时 长：50分钟

首　　　播：每周二19：35

播 出 频 道：首播：北京电视台文艺频道；

重　　　播：中国14个地方电视台及城际列车传媒；

美国、加拿大以及南美地区电视台。

获 奖 情 况：2013年荣获第23届“星光奖”（中国电视文艺唯一政府奖）优秀栏目称号；

2013年荣获第17届北京影视“春燕奖”最佳电视艺术栏目称号。

栏 目 介 绍：

世界上，最难戒的，不是权利，也不是爱情，而是观点。

讲故事，听故事，没有人可以抗拒故事的魅力，尤其是笼罩着光环的明星故事。

在众多的访谈节目中，明星们是在“讲”自己的故事，而《光荣绽放》是让明星们现场“演”自己的故事，同时让主持人展示明星们的作品。观众不但是“看”故事，更是“听”故事后面的“观点”。

漫漫的人生，最重要最难忘的时刻，往往只有几个。观众们在《光荣绽放》中，“看”到明星们的才艺，“看”到他们奋斗中的挣扎，更从表演和作品中“看”到人物命运与职业生涯神秘的联系。

人生如戏，戏如人生。

现场演绎、经典回放、简练阐述，可以近距离地观赏，可以温馨地怀旧，也可以深深地被震撼，更可以在惊叹中发现一个人物的生活秘密与性格轨迹，深度剖析人物成功背后的拼搏与励志经历，绽放时代的正能量。

《光荣绽放》是梦想的绽放，才华的绽放，真情的绽放，更是在命运的磨砺中人性光芒的绽放。